Birgit Schaufler

Frauen in Führung!

Von Kompetenzen, die erkannt und
genutzt werden wollen

Verlag Hans Huber
Bern · Göttingen · Toronto · Seattle

Dieses Buch wäre nicht entstanden ohne die konzeptionellen Anregungen von Frau Prof. Dr. Hildegard Macha (Universität Augsburg), deren Forschungen wichtige Hinweise zu Werdegang und beruflicher Situation von erfolgreichen Frauen geben konnten, sowie der finanziellen Förderung durch die Margarete-Ammon-Stiftung, München. Beiden sei an dieser Stelle herzlich gedankt.

Die Deutsche Bibliothek – CIP-Einheitsaufnahme

Schaufler, Birgit:
Frauen in Führung! : von Kompetenzen, die erkannt und genutzt werden wollen / Birgit Schaufler. – 1. Aufl. – Bern ; Göttingen ; Toronto ; Seattle : Huber, 2000
(Aus dem Programm Huber: Psychologie-Sachbuch)
ISBN 3-456-83487-X

1. Auflage 2000
© 2000 by Verlag Hans Huber, Bern
Anregungen und Zuschriften bitte an:
Verlag Hans Huber, Länggass-Strasse 76
CH-3000 Bern 9
Tel.: 0041 (0)31 300 45 00
Fax: 0041 (0)31 300 45 93
E-Mail: verlag@hanshuber.com
Internet: http://Verlag.HansHuber.com
Lektorat: P. Stehlin
Herstellung: D. Berger
Umschlaggestaltung: Atelier Mühlberg, Basel
Satz: Sbicca & Raach sagl, Lugano
Druck und buchbinderische Verarbeitung: Hubert & Co, Göttingen
Printed in Germany

Inhalt

Teil II: Weibliche Führungsqualitäten: Potentiale und ihre Realisierung

Einleitung

«Frauen sind die besseren Vorgesetzten» – so war jüngst aus den Schlagzeilen der Presse zu entnehmen; und in einem Interview äußerte sich der Vorstandsvorsitzende eines großen deutschen Industrieunternehmens folgendermaßen über die Führungsqualitäten von Frauen: «Wenn Frauen gut sind, sind sie besser als Männer».

Die Zeit ist reif dafür, dass die Stärken von Frauen allgemeine Anerkennung finden. Zu lange standen sie im Schatten von Männern, denen viel daran lag, an den traditionellen Machtverhältnissen festzuhalten. Neuere Studien zum Führungsverhalten von Frauen rütteln an dem Klischee, das in vielen Köpfen noch immer fest verankert ist: «Frauen schaffen es nicht, Karriere zu machen. Sie sind nicht zum Führen von Menschen geschaffen, sind weniger erfolgsorientiert und mobil und fallen irgendwann wegen einer Schwangerschaft sowieso aus.» Die Forschungsergebnisse stimmen hoffnungsvoll. Sie eröffnen einen Blick auf Fähigkeiten und Verhaltensmuster von Frauen, die bislang nicht als Potentiale für erfolgreiche Berufsbiographien betrachtet wurden. Wenn sie überhaupt erkannt wurden, wurden sie eher noch als Defizite gewertet.

Wenn nun die weiblichen Erfahrungen so wertvoll für die Wirtschaftswelt sind und Frauen für verantwortliche Managerpositionen qualifizieren, weshalb stehen dann so wenig Frauen an der Spitze großer Unternehmen und Institutionen? Diese Frage ist Gegenstand breiter Diskussionen. Erklärungen lassen sich auf individuellen, gesellschaftlichen und politischen Ebenen suchen. Das Hauptanliegen dieses Buches indes ist nicht, auf die längst fälligen Maßnahmen zur Veränderung der Arbeitswelt: Flexibilisierung der Arbeitszeit und Job-Sharing, Ganztagsbetreuungsmöglichkeiten für Kinder usw. hinzuweisen – die Notwendigkeit des sozialpolitischen und unternehmerischen Wandels ist vielfach besprochen und wird von verschiedener Seite gefordert. Diese Arbeit befasst sich vielmehr mit den kulturellen Barrieren und psychischen Hemmnissen, welche Frauen bewusst oder unbewusst davon abhalten, ihre weibliche Stärke in den Beruf einzubringen und zu ihren Gunsten umzusetzen.

Bei allem Optimismus darf bei der Beschreibung der besonderen Kompetenzen, welche Frauen typischerweise im Verlauf ihres weiblichen Lebensweges entwickeln konnten und die sie für ein spezifisches Führungsverhalten nutzen, nicht aus dem Blick geraten, dass es sich hierbei lediglich um die Darstellung von Tendenzen handelt. Was hier als weibliches Führungsverhalten beschrieben wird, kann in einzelnen Aspekten auch von dem einen oder anderen Mann gezeigt werden. Desgleichen werden nicht alle weiblichen Führungskräfte in das umrissene Bild eingeordnet werden können, da die Variation persönlicher Verhaltensstile außerordentlich groß ist. Wenn hier die Rede ist von weiblichem Führungsstil oder weiblicher Führungskultur, dann handelt es sich um eine Verallgemeinerung. Es soll damit die Tendenz von Frauen beschrieben werden, sich in Führungssituationen in dieser oder jener spezifischen Weise zu verhalten und zu handeln. Frauen können aber auch traditionell männliche Eigenschaften und Verhaltensweisen zeigen, genau wie bei männlichen Führungskräften – vor allem bei Männern der jüngeren Generation – Qualitäten zu finden sind, die früher eher dem weiblichen Rollenbild zugeschrieben wurden.

Aufgrund ihrer Lebensgeschichte haben Menschen bestimmte Muster entwickelt, welche ihre Wahrnehmung beeinflussen und ihr Verhalten steuern. Von der möglichen Veränderung dieser bewussten oder unbewussten psychischen Mechanismen mit dem Ziel, verborgene Stärken von Frauen aufzudecken und für das Führungsverhalten zu nutzen, handelt dieses Buch. Es wendet sich an alle Frauen, die sich für die Weiterentwicklung ihrer Führungsstärke und ihrer Persönlichkeit interessieren und dient als Mittel der Selbstreflexion. Das Buch beleuchtet den Hintergrund weiblicher Verhaltensmuster, zeigt Ansatzpunkte der Entwicklung auf und begleitet bei der Erkundung und Entdeckung verborgener weiblicher Qualitäten.

Teil I:
Frauen in Führungspositionen:
Ideal und Wirklichkeit

1. Die neue Führungskultur: Anspruch und Notwendigkeit

Der neue Blick auf die Potentiale weiblicher Führungskräfte stößt auch in den Unternehmen auf Interesse und wird unterstützt von dem öffentlichen Ruf nach Frauen in den Führungsetagen der Wirtschaft. Dieser kommt nicht von ungefähr. Er ist Ausdruck des wachsenden Bewusstseins der Öffentlichkeit bezüglich der beruflichen Benachteiligung und subtilen Diskriminierung, die in der Vergangenheit das berufliche Leben von Frauen weitgehend bestimmten. Damit ist die Forderung nach einer Beteiligung von Frauen an der Führungsverantwortung ein Ergebnis des Bemühens um Akzeptanz, Chancengleichheit und Selbstbestimmung, welche Frauen verstärkt seit den frühen siebziger Jahren vorantreiben. Andererseits geht die schrittweise Einbeziehung von Frauen in die Machtpositionen der Unternehmen einher mit einem grundsätzlichen Wandel der Gesellschaft und der Arbeitswelt, der sich bereits seit längerem abzeichnet.

1.1 Die Dynamik der Arbeitswelt

Das Bild vom idealen Manager ändert sich seit Beginn der neunziger Jahre. Die lange Zeit selbstverständlich geltenden Konzepte von Führung werden hinterfragt, da sie für die aktuellen Probleme keine Lösungen bereithalten. Die Dynamik der Arbeitswelt und die Veränderung der gesellschaftlichen Wirklichkeit stellt die Unternehmen vor ungewohnte Aufgaben, die sie nur mit Hilfe einer innovativen Führungskultur bewältigen können.

Die folgenden Veränderungen und Anforderungen formen das Profil der «neuen Führungskraft» (vgl. Regnet 1995):

- Technologiefortschritt
  Die rasche technologische Entwicklung bewirkt eine zunehmende Komplexität der Arbeitsabläufe; zugleich verkürzt sich die Halbwertzeit des beruflichen Wissens zusehends. Die Unternehmen brauchen, um den Fortschritt zu bewältigen, hochmotivierte, qualifizierte, lernbereite und innovationsfreudige Mitarbeiterinnen und Mitarbeitern.

- Aufwertung des Umweltbezuges
  Die notwendige stärkere Verknüpfung mit dem bisher vernachlässigten Umweltsystem verlangt eine sensibel vorausschauende Einbeziehung der Wechselwirkungen zwischen Industrie und ökologischer Entwicklung in die unternehmerische Planung und Entscheidung.

- Veränderung des Marktes
  Das Verschwimmen der Grenzen zwischen einzelnen Unternehmen hinsichtlich ihres Angebots und ihres Leistungsvermögens einerseits und den immer spezielleren Wünschen anspruchsvoller Kunden andererseits macht es notwendig, dass kreative und risikofreudige Menschen die Funktion der Entscheidungsträger in den konkurrierenden Unternehmen innehaben.

- Globalisierung des Wettbewerbs
  Die zunehmende Orientierung an den Erfordernissen des Weltmarktes, verbunden mit den Herausforderungen des globalen Wettbewerbs erzeugt Druck auf die international tätigen Unternehmen. Sie stehen vor der Notwendigkeit, nicht nur mehrsprachige und mobile Führungskräfte zu rekrutieren; diese müssen vielmehr auch über intellektuelle Flexibilität, über Offenheit und Sensibilität gegenüber fremden Kulturen verfügen.

- Umstrukturierung
  Die weitgehende Einführung flexibler Organisationsmodelle bewirkt eine Dezentralisierung von Entscheidungsprozessen und eine Verflachung von statussichernden Hierarchien. Dies fordert vom Management neue Formen des sozialen Umgangs und eine Anpassung der Arbeitsabläufe.

- Wertewandel
  Klassische Tugenden wie Gehorsam, Ordnung, Pünktlichkeit haben in der neueren Zeit ihre normative Wirkung verloren. Traditionelles Führungsverhalten scheint fehl am Platz, wo jüngere Mitarbeiterinnen und Mitarbeiter auf Delegation von Verantwortung und Beteiligung an betrieblichen Entscheidungsprozessen im komplexen System der Organisation drängen. Aus der Beobachtung charakteristischer Indikatoren gesellschaftlicher Entwicklungen und den Ergebnissen der Meinungsforschung kann auf einen Wandel der Werthaltungen geschlossen werden, der sich zusammenfassend beschreiben lässt als Rückzug von Werten wie Pflichterfüllung und Akzeptanz vorgegebener Inhalte und Normen zugunsten einer stärkeren Betonung der individuellen Selbstentfaltung.

Das veränderte soziokulturelle Wertesystem bewirkt einen Anpassungsdruck auf die wirtschaftlichen Organisationen, die als Teil der Gesellschaft dieser verantwortlich sind. Die Menschen suchen in ihrer Arbeit persönlichen Sinn und die Möglichkeit der individuellen Entfaltung. Um diesen wachsenden

Anforderungen an die Qualität des Arbeitslebens gerecht zu werden, müssen die Organisationen und die einzelne Führungskraft Partizipation ermöglichen, Delegationsformen einführen und größere persönliche Freiheit gewähren.

1.2 Das Idealbild des Managers

Aus den vorangegangenen Ausführungen ergeben sich folgende Qualitäten, die neben den grundlegenden Anforderungen wie analytische Intelligenz, Einsatzbereitschaft und Loyalität als Bausteine eines künftigen Führungskräfteprofils angesehen werden können:

a) Soziale Offenheit
  • Aufgeschlossenheit gegenüber anderen Personen, Kulturen und Werthaltungen
  • Die Fähigkeit, zu interdisziplinärer Zusammenarbeit
  • Sensibler Umgang mit Mitarbeiterinnen und Mitarbeitern
  • Die Bereitschaft, diese hinsichtlich ihrer persönlichen Entwicklung zu fördern

b) Kommunikative Kompetenz
  • Die Fähigkeit, Spannungen auszugleichen und über den kommunikativen Austausch, schwierige Situationen zu bewältigen
  • Das Bereitstellen offener hierarchieunabhängiger Kommunikationswege
  • Die Motivation durch eigenes Vorbild und persönliche Überzeugungskraft

c) Teamfähiges Verhalten
  • Bereitschaft zu Kooperation und Weitergabe von Information
  • Begeisterung und Kontaktfreude
  • Das Streben nach Konsens in der Gruppe
  • Klarheit im Vertreten des eigenen Standpunktes
  • Die Fähigkeit zu Selbstkritik und Selbstkontrolle

d) Vernetztes Denken
  • Das Abschätzen der Folgen und Nebenwirkungen des eigenen Vorgehens
  • Flexibles und lösungsorientiertes Reagieren auf entstehende Probleme
  • Die Kompetenz, komplexe Zusammenhänge zu strukturieren

e) Kreatives Handeln und Problemlösen
- Visionäres Denken und Innovationsfreude
- Mut, Fehler zu machen und aus ihnen zu lernen
- Das Risiko, ungewöhnliche Schritte zu gehen
- Die Fähigkeit, sich vom sozialen Urteil unabhängig zu machen

Im Gefolge der Diskussion um den gesellschaftlichen Wertewandel und dessen Auswirkungen auf die Arbeitswelt erscheinen also die «weichen» Führungseigenschaften, wie Sozialkompetenz, Flexibilität, Kommunikations- und Teamfähigkeit sowie Intuition zunehmend als notwendige Voraussetzung und Garantie für den zukünftigen wirtschaftlichen Erfolg eines Unternehmens. Da diese Fähigkeiten dem traditionellen Rollenstereotyp der Frau entsprechen, wurden Forderungen nach einer stärkeren Beteiligung von Frauen an Führungsaufgaben laut und Frauen als Managerinnen wurden vermehrt Gegenstand wissenschaftlicher Forschung.

2. Weiblichkeit und Führung: Widerspruch oder Chance?

Die Unterschiede zwischen den Geschlechtern in punkto Managementqualitäten wurden lange Zeit am Maßstab des männlichen Verhaltens gemessen. Auf diesen «Messfehler» geht das Vorurteil zurück, Frauen seien unfähig, Führungsaufgaben wahrzunehmen. Das Vorgehen, die Frauen am männlichen Standard zu messen, drückt einerseits wissenschaftliche Mängel aus und ist andererseits Bestandteil einer männlichen Strategie des Machterhaltes. Zwangsläufig werden Frauen Defizite aufweisen, wenn sie an männlichen Normen gemessen werden – schließlich sind sie keine Männer. Gilt aber der messbare Erfolg eines Teams beziehungsweise das überprüfbare Ergebnis eines Arbeitsprojektes, dann zeigt sich die tatsächliche Stärke der Frauen. Neben den grundsätzlich für den Berufserfolg notwendigen Tugenden wie Disziplin, Verantwortungsbewusstsein und Verlässlichkeit zeichnen sie sich durch außerordentliche Leistungsbereitschaft und ein hohes Führungspotential aus.

2.1 Die Führungsforschung entdeckt die Frauen

Wissenschaftliche Forschungsarbeiten, die sich mit dem Karriereverständnis von Frauen und Männern und ihrer unterschiedlichen Gestaltung des Berufsalltags befassen, zeichnen im Bezug auf das Führungsverhalten ein uneinheitliches Bild.

Auf der Suche nach möglichen Unterschieden konnten zwar bereits die ersten wissenschaftlichen Untersuchungen nachweisen, dass Frauen in führenden Positionen den Männern sowohl hinsichtlich ihrer Sachkompetenz als auch hinsichtlich ihrer Fähigkeit zur Führung von Mitarbeiterinnen und Mitarbeitern in keiner Weise nachstehen, sie konnten jedoch keine Unterschiede im Führungsverhalten feststellen, sondern kamen zu dem Ergebnis, dass Frauen und Männer ihre Aufgaben in vergleichbarer Weise erfüllen. Allerdings unterschieden sich die weiblichen Führungskräfte in ihrer Persönlichkeitsstruktur deutlich von anderen Frauen und von den Eigenschaften, die im allgemeinen mit der weiblichen Rolle verknüpft werden. Auch

einige neuere Untersuchungen, die auf Fragebogen, Fremd- und Selbstein-
schätzungen von Führungskräften basieren, kommen zu ähnlichen Ergebnissen. Die Vertreterinnen und Vertreter dieser Position verneinen messbare
Unterschiede im Verhalten von Frauen und Männern bezüglich der Ausübung von Führungstätigkeiten. Sie gehen davon aus, dass Frauen sich in
ihren Führungsqualitäten nicht wesentlich von ihren männlichen Kollegen
unterscheiden.

Die festgestellten geringen Unterschiede zwischen Frauen und Männern
und die eher zurückhaltende, zum Teil negative Selbsteinschätzung, die die
befragten Frauen zeigen, rührt von ihrer Stellung im Beruf. Die wenigen
Frauen, die es in der Vergangenheit bis in die Führungsetagen geschafft hatten, schienen sich in großem Maße an die männliche Dominanzkultur angepasst zu haben. Sie zeigten sich gegenüber der männlichen Gruppe loyal,
identifizierten sich bis zu einem gewissen Maß mit deren Normen, grenzten
sich von anderen Frauen und den «typisch» weiblichen Lebensbereichen ab
und blieben trotz des Gefühles mehr als andere leisten zu müssen im Hintergrund. Als Einzelkämpferin in der Männerwelt übernehmen sie männliche
Vorurteile, die ihnen den Blick für ihr eigenes Potential vernebeln. Sie
vermeiden den Angriff auf die ureigensten männlichen Domänen, um die
Männer nicht zu verunsichern und zu provozieren. So entsteht das Bild der
Frau im Management, die sich in ihrem Verhalten wenig von den umgebenden Männern unterscheidet und als fleißige Arbeiterin zwar annähernd so
erfolgreich sein kann, wie ihre männlichen Kollegen – niemals aber besser.

Eine Welle von seriösen internationalen Wirtschaftsuntersuchungen
stehen diesen Annahmen entgegen. So kommt zum Beispiel eine französische
Studie, die im Auftrag der Zeitung *L'Entreprise* in 22 000 Unternehmen
durchgeführt wurde, zu dem Ergebnis, dass Frauen als Unternehmerinnen
außerordentliche Erfolge verbuchen können. Die von ihnen geführten Be-
triebe zeigen höchste Rentabilitätsraten und wachsen doppelt so schnell wie
der Durchschnitt. Ein ähnliches positives Ergebnis ergab eine Untersuchung
in den USA: Die amerikanische Beratungsfirma L. A. Pfaff & Associates
konnte mit Hilfe einer Umfrage belegen, dass Frauen ihre männlichen Kollegen in sämtlichen Managementkompetenzen übertreffen – dies gilt nicht
nur für die sogenannten «soft skills» wie Kommunikations-, Integrations-
und Delegationsfähigkeit, die schon seit einiger Zeit den Frauen zugeschrieben wurden, sondern auch für jene Qualitäten, die bisher den Männern
vorbehalten blieben: Innovationskraft, Entscheidungsfreude und sorgfältige
strategische Planung. Fazit: Wo Frauen das Sagen haben, steigt sowohl die
Arbeitszufriedenheit der Mitarbeiterinnen und Mitarbeiter als auch das
Betriebsergebnis.

Eine andere Gruppe von Forschenden, besonders auf dem Gebiet der Frauen- und Geschlechterforschung, vertreten eine Position, derzufolge Frauen am Maßstab der Männer gemessen nicht schlechter oder besser, sondern anders führen. Das heißt, sie würden anders führen, wenn man sie denn ließe. – Hier eröffnet sich das Dilemma der Führungsforschung: Man will zwar Führungsfrauen untersuchen, muss aber dabei berücksichtigen, dass sich viele dieser Frauen, nach Jahren des zähen Ringens um Anerkennung weitgehend an die männliche Norm angeglichen haben. Die Maschinerie des Aufstiegs durch die Hierarchien hat dafür gesorgt, dass von den weiblichen Eigenheiten der Kandidatinnen nicht mehr viel übriggeblieben ist. Um mögliche Unterschiede im Führungsverhalten aufspüren zu können, ist es deshalb ratsam, jene Frauen zu untersuchen, die ihren eigenen Führungsstil finden und im Alltag ohne die ständige Kontrolle des männlichen Managements erproben konnten. Das sind im wesentlichen Frauen, die ihren eigenen Betrieb führen; Unternehmerinnen und Existenzgründerinnen also, die freie Hand haben und nicht auf das Wohlwollen und die Beurteilungen von männlichen Vorgesetzen und Kollegen angewiesen sind. Eine andere Möglichkeit ist die Untersuchung von erfolgreichen Frauen in Berufsbereichen, die gleichsam als Nischen der Marktwirtschaft nicht im gleichen Umfang den von Männern formulierten Gesetzen gehorchen, sondern eigene Gütekriterien und Arbeitskulturen entwickeln konnten (Kulturschaffende, leitende Beamtinnen, Wissenschaftlerinnen etc).

Sich auf die Spur zu machen, weibliche Führungsqualitäten zu erkennen und zu beschreiben, ist insofern ein lohnendes Unternehmen, als Frauen sich mit ihrem ganzen weiblichen Erfahrungshorizont in den Beruf einbringen und dadurch der Wirtschaft neue notwendige Impulse geben können. Die anspruchsvollen Forschungsprojekte über erfolgreiche Frauen der Führungsebene geben den Frauen deshalb Raum, sich selbst zu äußern, gehen mit ihren Methoden in die Tiefe (z.B. durch Interviews) und vermeiden so jene angepassten rollenkonformen Antworten, wie sie häufig in früheren Untersuchungen (z.B. Fragebogenuntersuchungen) zu finden waren und die die Grundlage für die eher skeptische Beurteilung der Eignung von Frauen für Führungstätigkeiten bildeten. Sie ermöglichen außerdem eine sensiblere Einschätzung der feinen Unterschiede zwischen weiblichem und männlichem Führungsverhalten.

2.2 Erfolgreiche Frauen: Was sie leisten und was sie anders machen

In einer Interviewstudie zur beruflichen und personalen Sozialisation von Wissenschaftlerinnen und Wissenschaftlern in Ost- und Westdeutschland (1993 – 1997) befragte ein Augsburger Forschungsteam beruflich erfolgreiche Frauen mit Führungsverantwortung. Man ging unter anderem der Frage nach, wie Frauen ihren Beruf in der männlich dominierten Welt der Wissenschaft gestalten, welche Potentiale sie aus ihrer Biographie mitbringen und mit welchen Schwierigkeiten sie zu tun haben. Ausgehend von der Annahme, dass es zwischen Frauen und Männern keine biologisch begründeten Unterschiede bezüglich der intellektuellen Möglichkeiten und Verhaltensmuster gibt, widmet die Untersuchung ihr Hauptaugenmerk den im Laufe des Lebens erworbenen Kompetenzen und Verhaltensmustern von erfolgreichen Frauen.

Die Studie bestätigt die Annahme der Existenz unterschiedlicher Führungsstile von Frauen und Männern und zeigt auf, dass Frauen, die bis in dieses Jahrhundert hinein noch als das schwache Geschlecht bezeichnet wurden, offenbar Potentiale besitzen, die dem gesellschaftlich erwünschten und ökonomisch begründeten innovativen und teamorientierten Führungsstil eher entsprechen als der traditionelle männliche Führungsstil.

Ergebnisse der Augsburger Studie (vgl. Macha u. a. 1997):

- **Frauen legen größeren Wert auf partnerschaftliche soziale Beziehungen am Arbeitsplatz als auf die Einhaltung von Hierarchien.**

Auf den Punkt gebracht wird männliche Führung beschrieben als pyramidenförmige Hierarchie. Der Führer steht distanziert an der Spitze seiner Mitarbeiterinnen und Mitarbeiter, Informationen laufen über die Hierarchiestufen, die auch die Art des sozialen Umgangs und der Beziehungen bestimmt. Demgegenüber kann der weibliche Führungsstil eher mit einem Netz verglichen werden, in dem alle Mitarbeiterinnen und Mitarbeiter entsprechend ihren Kompetenzen und Interessen flexibel eingesetzt werden können. Sie gruppieren sich um die Führungsfrau im Zentrum und wirken als Team, ohne sich an festgelegte Kommunikationswege und Hierarchieebenen halten zu müssen. Neben dem Sachaspekt der Leistung steht für die Frauen der Augsburger Untersuchung die intensive Sorge um die Sozialbeziehungen am Arbeitsplatz im Mittelpunkt ihres Selbstverständnisses als Führungskraft. Sie halten beständigen Kontakt zu ihrem Team, kennen die einzelnen Gruppenmitglieder persönlich und suchen den Austausch mit ihnen.

Hier zeigt sich die Nähe zu den modernen Managementstrategien, welche ebenfalls flache Hierarchien und kleinere Organisationseinheiten bevorzugen, da diese flexibel und rasch zu einer innovativen Problemlösung kommen können und ein höheres Maß an Eigeninitiative und persönlicher Verantwortlichkeit fördern.

- **Frauen sehen Macht als Verantwortung und nicht als Herrschaft.**

Führungskräfte haben aufgrund ihrer beruflichen Position Macht. Sie treffen Entscheidungen, die den Arbeitsalltag und die berufliche Zukunft ihrer Mitarbeiterinnen und Mitarbeiter betreffen. Mit Positionsmacht ausgestattet, stehen ihnen die Machtmittel der Belohnung und Bestrafung zur Verfügung, um gewünschtes Verhalten zu erreichen und unerwünschtes Verhalten auszuschalten. Das Ergebnis des Einsatzes solcher Machtmittel sind entweder übermäßig angepasste und ängstliche Mitarbeiter oder frustrierte Mitarbeiter, die keine wirkliche Leistung mehr erbringen.

Die in der Augsburger Studie untersuchten Frauen in führender Stellung haben gerne Macht; sie nehmen allerdings gegenüber der soeben beschriebenen Positionsmacht eine ambivalente Haltung ein. Sie verstehen Macht eher als Einfluss, den sie aufgrund ihrer Autorität besitzen und dessen Grundlagen Gerechtigkeit und gegenseitige Akzeptanz bilden. Häufig haben sie im Verlauf ihres beruflichen Aufstiegs selbst Bekanntschaft mit offenem oder verdecktem Machtmissbrauch gemacht. Nicht zuletzt deshalb gehen Frauen außerordentlich verantwortungsvoll mit ihrer Macht um und empfinden quasi eine Fürsorgepflicht für ihr Team. Personalentscheidungen durchdenken sie gründlich und wägen die Auswirkungen auf die Betroffenen ab. Sie nehmen ihre Mitarbeiterinnen und Mitarbeiter ernst und setzen auf deren Einsicht und Vertrauen.

Auf diese Weise ausgeübte «Macht als Verantwortung» äußert sich in dem Grundsatz, die eigene Macht nicht zu Lasten anderer zu missbrauchen und den eigenen Einfluss zu nutzen, um für andere oder ein gemeinsames Ziel etwas zu erreichen. Frauen in einflussreichen Positionen fördern über ihr eigenes Vorbild und durch die gewährten Freiräume auch die Eigenverantwortung der Mitarbeiterinnen und Mitarbeiter.

- **Frauen besitzen kreative Potentiale zur Lösung und Nutzung von Konflikten.**

Ein bemerkenswertes Ergebnis der Studie ergibt sich aus der Tatsache, dass die Personen, die sie umgeben, für viele Frauen einen hohen Stellenwert haben und sie sich für den Erhalt und die harmonische Qualität dieser Beziehungen einsetzt. Da die Führungsfrau den Kontakt mit den umgebenden Menschen sucht, hat sie weniger Ängste, wenn es darum geht, Konflikte mit anderen oder im Team konstruktiv zu bearbeiten. Männer halten ihre Mitarbeiterinnen und Mitarbeiter eher auf Distanz und gehen persönlichen Auseinandersetzungen aus dem Weg. Sie fürchten die in einem Konflikt auftretenden eigenen Gefühle ebenso wie mögliche Gefühlsausbrüche anderer. Häufig überdecken sie diese Angst mit offener Aggression und attackieren ihr Gegenüber in unangemessener Form. Diese Strategie ist kontraproduktiv, da sie bei Konflikten meist zur Eskalation führt.

In unserer modernen westlichen Gesellschaft sind Frauen mehr als Männer gewöhnt, mit Widersprüchen und Ambivalenzen zu leben und konnten deshalb im Verlauf ihrer Sozialisation verschiedene Strategien der Konflikthandhabung erlernen. Ihre tendenziell bessere Wahrnehmungsfähigkeit versetzt sie in die Lage, indirekte Signale ihres Gegenübers zu erkennen und die Körpersprache der Konfliktpartner zu entschlüsseln. Als Führungsfrauen nutzen sie diese Potentiale virtuos; sie finden eigene kreative Strategien der Klärung und der Deeskalation von Konflikten.

- **Frauen gehen unkonventionelle Wege und zeigen innovative Fähigkeiten.**

Ein weit verbreitetes Vorurteil bescheinigt erfolgreichen Frauen, dass sie ihre Karriere nur deshalb so weit gebracht haben, weil sie außerordentlich fleißig dafür gearbeitet haben. Fleiß statt Begabung und innovativer Fähigkeit heißt die Erklärung.

Die Augsburger Studie kann aufgrund ihrer Erfassung des gesamten Lebensweges der untersuchten Frauen nachweisen, dass diese schon als Kinder außerordentliche Fähigkeiten zeigten. Sie haben sich im Verlauf einer typisch weiblichen Sozialisation nicht angepasst, sondern konnten ihre Potentiale gegen alle Widerstände weiterentwickeln. Als Frauen mussten sie sich mit Vorurteilen, versteckten Behinderungen und offener Diskriminierung auseinandersetzen; sie hatten seltener als Männer einen festen Partner, der ihnen im Privatbereich den Rücken freihielt, konnten nicht wie ihre männlichen Kollegen auf Vorbilder und Förderer vertrauen, sondern mussten aus eigener Initiative und Kraft ihren individuellen Weg finden, ihre Begabung und ihre Leistungsfreude zu verwirklichen.

Sie benötigten auf diesem Weg eine große Portion Mut und Selbstvertrauen und konnten auf diese Weise Innovationspotentiale entwickeln und optimieren, die sie im beruflichen Alltag erfolgreich einsetzen. Vernetztes Denken unter Berücksichtigung verschiedenster Aspekte fällt ihnen leicht, denn als Frauen, die über viele Jahre hinweg unterschiedliche Erwartungen und Anforderungen – zwischen elterlichen Wünschen und schulischen Zwängen oder zwischen beruflichen Notwendigkeiten und familiären

Bedürfnissen – miteinander verknüpfen mussten, können sie aus einem viel umfangreicheren Rollenrepertoire schöpfen als Männer.

Die untersuchten Frauen zeichnen sich außerdem durch ein hohes Maß an Flexibilität und gedanklicher Unabhängigkeit aus, die sie dazu befähigt, Probleme unbelastet zu analysieren und unkonventionelle Lösungsmöglichkeiten zu verfolgen.

- **Frauen verfügen über flexible Strategien des persönlichen Stressmanagements.**

Als indirekte Wirkung der für Frauen geltenden Normen von Schönheit, Fitness und Jugendlichkeit zeigt sich eine stärkere Körperbezogenheit von Frauen. Die untersuchten weiblichen Führungskräfte gehen tendenziell sorgsamer mit sich selbst um, achten auf die Signale ihres Körpers und kennen ihre Belastungsgrenzen.

Im Verlaufe ihres beruflichen Aufstiegs durchlebten die Frauen allesamt Phasen enormen Leistungsdrucks, der sie bis an die Grenze der Gesundheitsgefährdung brachte. Diese Erfahrungen wurden von ihnen konstruktiv verarbeitet und führten dazu, dass sie vielfältige Strategien der Entspannung und des Ausgleichs entwickelten, die ihnen heute dabei helfen, ein Gleichgewicht zwischen den eigenen Bedürfnissen, den Anforderungen des Berufes und des privaten Umfeldes aufrechtzuerhalten, ohne ihren Körper über die Grenze der Belastbarkeit zu führen.

- **Frauen heben die Trennung zwischen Familie und Beruf auf und zeigen zukunftsweisende Muster der Vereinbarkeit.**

Der Wunsch, weder auf berufliche Selbstverwirklichung noch auf eine eigene Familie zu verzichten, führt dazu, dass Frauen neue Wege suchen, diese beiden Lebensbereiche zu verbinden. Die befragten Frauen der Augsburger Studie wollen in der Mehrzahl keine strikte Trennung zwischen Beruf und Familie; im Bemühen, beide Bereiche zu vereinbaren, entwickeln sie die Voraussetzungen für gutes Organisieren, leben mit Ambivalenzen und lernen im Chaos zu improvisieren und pragmatisch vorzugehen.

Die Übergänge zwischen beiden Welten sind fließend: so nehmen sie sich einerseits Arbeit mit nach Hause und andererseits bleiben sie auch an ihrer Arbeitsstelle ansprechbar für ihre Kinder. Die Organisation von Haushalt und Kinderbetreuung wird flexibel gehandhabt, wobei verschiedene Personen eingebunden sind und besonders dem Partner eine wichtige unterstützende Funktion zukommt. Die sogenannte Doppelbelastung sind sie bereit in Kauf zu nehmen, da ihnen der Gewinn durch Kinder – Abwechslung, emotionale Bereicherung, Entspannung und Anregung – ungleich bedeutsamer erscheint und zugleich auch ihr berufliches Leben bereichert.

Frauen verfolgen das Ziel eines ganzheitlichen Lebensstils und leben innovative und zukunftweisende Formen der Vereinbarkeit von Familie und Beruf, die nicht zuletzt auch Vorbild für erfolgreiche Männer sein können, die auf ihrem Karriereweg allzu häufig emotional vereinsamen, weil sie das Private aus dem Blick verlieren und soziale Bindungen aufgeben. Die alleinige Konzentration auf den Beruf hat zudem zur Folge, dass sich Männer mehr und mehr vom Alltag entfernen und auch in ihren beruflichen Entscheidungen Lebensnähe und soziale Verantwortung vermissen lassen.

Das große Verdienst der Augsburger Studie ist, dass sie über die bloße Beschreibung von Führungsverhalten hinausgeht und den Blick öffnet für zukünftige Möglichkeiten. Die interviewten Frauen sprechen über ihre Erfahrungen in einer vorgegebenen männlichen Arbeitskultur; sie stellen die Lösungen vor, die sie für auftretende Probleme gefunden haben; sie äußern sich zu ihren Bedürfnissen, reflektieren ihre Berufs- und Lebensauffassung und geben Einblick in ihre spezielle Art der Gestaltung ihres Berufsalltags. Aus der Fülle der Informationen formt sich ein Bild weiblicher Lebensentwürfe und beruflicher Erfolgsstrategien von Frauen. Dieses Bild lenkt die Aufmerksamkeit auf Potentiale, die längst nicht ausgeschöpft sind, und vermittelt eine Ahnung dessen, wozu Frauen im Beruf fähig sind und wie sie mit ihrer weiblichen Persönlichkeit die Arbeitswelt verändern.

3. Ursachenforschung: Natur und Kultur

Was nun macht eine weibliche Persönlichkeit aus? Was ist «typisch weiblich» – was «typisch männlich»? Und woher kommen die Unterschiede zwischen Frauen und Männern?

Vorstellungen über spezifische Wesens- und Verhaltensmerkmale von
Frauen und Männern sind eine Grundlage unserer Gesellschaft. Diese
Geschlechterrollensstereotype sind Verallgemeinerungen und werden den
tatsächlichen Eigenschaften der Menschen kaum gerecht. Selbst wenn sich
manche Verhaltensweisen signifikant häufiger bei Frauen als bei Männern
nachweisen lassen, so gelten sie dennoch kaum für alle Frauen. Nichts-
destotrotz bilden diese Zuschreibungen den Rahmen für die Beurteilung von
Frauen und Männern in der Gesellschaft und bestimmen die Selbstwahr-
nehmung der Person als Frau beziehungsweise Mann. «Weiblich» und
«männlich» sind Kategorisierungen und beschreiben jene Welt aus Erwartungen, Chancen und Normen, denen ein Individuum aufgrund seines biologischen Geschlechts zugeordnet wird.

3.1 Was formt die Menschen?

Auf der Suche nach den Ursachen für geschlechtsspezifisches Verhalten ins-
gesamt und damit auch für das unterschiedliche Führungsverhalten finden
sich in der wissenschaftlichen Forschung vor allem zwei Erklärungsmuster.
Es handelt sich dabei um die Diskussion der Wirksamkeit von Anlage auf der
einen und Umwelt auf der anderen Seite.

Was formt die Menschen? Sind es vorwiegend die Gene und das biologische Erbe oder sind es die Einflüsse aus Umwelt und Mitwelt? Der Streit ist
uralt und ist nicht entschieden. Die Erklärungen tendieren einmal eher in
Richtung der Anlage und fallen das andere Mal eher zugunsten der sozialen
Einflüsse aus. Mit der Entscheidung für ein Erklärungsmodell sind weitrei-
chende Konsequenzen verbunden:

a) Die Annahme der genetisch-biologischen Vorbestimmtheit von Menschen räumt ihnen wenig Entwicklungsmöglichkeiten ein. Sind Charak-
   tereigenschaften, Intelligenz und persönliche Fähigkeiten von der Geburt

an festgelegt, haben Erziehung und Bildung einen geringen Stellenwert, ist die Möglichkeit zur Weiterentwicklung und Veränderung von Personen stark eingeschränkt.

b) Werden im Gegensatz dazu die Menschen gedacht als Produkt der Verhältnisse, in denen sie aufwachsen und in denen sie leben, dann ist ihre Entwicklung zu beeinflussen, sie sind lernfähig und ihre Persönlichkeit bleibt über den gesamten Lebensweg hinweg bis zu einem gewissen Grad veränderbar.

Wie so häufig kann wohl keines dieser extremen Modelle der Wirklichkeit gerecht werden. Es ist eher so, dass sich die Persönlichkeit auf der Grundlage ihrer ererbten Anlagen (z. B. ihrem Temperament) im ständigen und lebenslangen Austausch mit ihrer sozialen Umgebung entwickelt. In diesem Prozess kommt dem Individuum die Freiheit zu, eigene Entscheidungen zu treffen, Pläne zu schmieden und zu verfolgen, sich weiterzubilden und sein Leben selbstverantwortlich zu gestalten. Dabei wird jede Person ihre Anlagen auf ihre Weise nutzen, um bestimmte Fähigkeiten zu erwerben und ihre individuelle Persönlichkeit zu entwickeln. Die Umwelt gibt dabei Anregungen, ermöglicht Austausch mit anderen, vermittelt Erfahrungen mit Dingen und Menschen und stellt den Einzelnen vor immer neue Herausforderungen.

3.2 Erklärungsversuche: Woher kommt der Unterschied?

An dieser Stelle sollen nun die beiden extremen Positionen der Erklärung des Zustandekommens von typisch weiblichen Verhaltensformen und Kompetenzen vorgestellt werden.

Biologische Erklärung:

Die sozialen Verhaltensunterschiede von Frauen und Männern mit ihren körperlichen Unterschieden zu begründen, ist der historisch ältere Erklärungsversuch. Das mag in der Vergangenheit daran gelegen haben, dass die äußerlichen Unterschiede einfach offensichtlich und für alle Menschen nachvollziehbar waren. Vom biologischen Zweck der Geschlechter wurde auf das Wesen von Frauen und Männern geschlossen. Frauen, die aufgrund ihrer Anatomie dazu bestimmt sind, gebären zu können, sind damit zugleich auf ihre Rolle als ruhender und sich kümmernder Mittelpunkt des Hauses festgelegt.

Der Aufschwung, den biologische Erklärungsansätze derzeit erfahren, hat denn auch seinen Grund in den verbesserten neurobiologischen und gentechnischen Untersuchungsverfahren. Wissenschaftlern stehen heute die technischen Möglichkeiten zur Verfügung, die erlauben, in das Innere von Personen vorzudringen, um jene physischen Strukturen und Funktionen zu beleuchten, die als Grundlage für deren Handlungsmuster, Gefühle und Eigenschaften gelten. Natürlich interessieren hier auch die Unterschiede zwischen den Geschlechtern. Immer neue hirnphysiologische oder genetische Differenzen werden festgestellt. Die Befunde beziehen sich auf den Bau und die Funktionsweise des Gehirns, auf die Hormonkonzentrationen im Körper und auf die genetische Feinanalyse des Erbgutes. Sie werden gestützt von tierexperimentellen Studien, die Verhaltensunterschiede zwischen weiblichen und männlichen Tieren einer Gattung zum Gegenstand haben. Aus der Kombination von Verhaltensbeobachtungen bei Menschen, Experimenten mit Tieren, naturwissenschaftlicher Analyse und evolutionstheoretischer Betrachtung wird auf eine körperliche Disposition für bestimmte geschlechtsspezifische Verhaltenstendenzen und Erlebensformen geschlossen.

Beispielhaft sollen Ergebnisse der Hirnforschung und ihr Beitrag zum Verständnis von Geschlechterdifferenzen dargestellt werden. Vergleichende Untersuchungen an den Gehirnen von Frauen und Männern erbrachten mehr oder weniger ausgeprägte Unterschiede:

- Das Männerhirn ist etwas größer, jedoch nicht unbedingt reicher an Nervenzellen als das feiner strukturierte weibliche Gehirn.
- Der Übergang zwischen der rechten und der linken Hirnhälfte (der Balken) ist bei Frauen stärker ausgeprägt und enthält mehr Nervenbahnen.
- Die Sprachzentren sind unterschiedlich lokalisiert: Bei Frauen liegen sie weiter hinten, in räumlicher Nähe zu den Assoziationsregionen; bei Männern eher im vorderen Hirnbereich, nahe den akustischen, optischen und motorischen Zentren.
- Die Messung der Hirnströme bei Männern, die ruhten und ihre Gedanken frei schweifen lassen konnten, fand eine Hauptaktivität in jenen entwicklungsgeschichtlich älteren Regionen des Gehirns, die das sexuelle und gewaltgeprägte Verhalten steuern. Bei Frauen hingegen lag die Aktivität eher in einem jüngeren Hirnteil, dessen Funktionsbereich sich auf den Ausdruck von Gefühlen und Stimmungen bezieht.

Diese Befunde scheinen zu erklären, weshalb Frauen gefühlsbetonter und weniger aggressiv sind, eher zu kreativem und vernetztem Denken neigen, besser in der freien Assoziation als in der konkreten Analyse sind und sich lieber mit Sprachen befassen als mit Mathematik.

Die gemessenen hirnphysiologischen Unterschiede sind zweifelsfrei vorhanden und gut belegt; allerdings ist weder der Nachweis erbracht, dass sie sich ursächlich auf das beobachtbare Verhalten von Frauen und Männern auswirken, noch ist die Frage nach den Ursachen dieser Differenzen eindeutig geklärt. Die entscheidende Frage heißt: Folgt die Funktion der Form oder die Form der Funktion? Prägen die Strukturen des Gehirns das individuelle Verhalten oder formen die Wahrnehmungen und Handlungen eines Menschen quasi als Rückmeldungen seine Hirnstruktur? Eindeutige Antworten sind kaum zu erwarten.

Genetische Determination alleine scheint unwahrscheinlich, da man heute weiß, dass die frühen Einflüsse der Umwelt im Säuglingsalter die Verschaltungen und Synapsenbildung im Gehirn wesentlich mitorganisieren. Das Gehirn des Menschen ist zu Beginn des Lebens quasi ein Computer mit einer weitgehend freien Festplatte, der sich nach und nach selbst programmiert, indem er Inputs aufnimmt, bewertet und zu dauerhaften Verbindungen verarbeitet. Möglicherweise ist der dickere und leitungsstärkere Übergang zwischen den Hirnhälften bei Frauen ein Trainingsergebnis: Wenn sich Frauen in verschiedenen Lebensbereichen (Familie und Schule/Beruf) bewegen, die sie – im Gegensatz zu Männern, deren Umwelt eindeutiger ausfällt – dazu zwingen, komplexe und widersprüchliche Situationen zu meistern, müssen sie beide Hirnhälften benutzen, um allen Dimensionen ihrer Lebenswirklichkeit gerecht werden zu können. Der Balken wächst dann quasi wie ein Muskel, der regelmäßig beansprucht wird.

Es bleiben also noch viele Fragen offen. Sicher allerdings ist, dass die Innenwelt von Individuen auch von der sie umgebenden Außenwelt beeinflusst wird.

Sozialisationstheoretische Erklärung:

Das Verhalten von Menschen ist geprägt von individuellen Erfahrungen und Erwartungen der Umwelt. Deshalb wird angenommen, dass sich die unterschiedlichen Erwartungen an Frauen und Männer in unserer Kultur in deren Verhalten wiederfinden.

> Sozialisation beschreibt jenen lebenslangen Prozess, in dessen Verlauf Menschen, die für eine bestimmte Kultur charakteristischen Denk- und Verhaltensmuster erwerben.

Da unsere Gesellschaft für die beiden Geschlechter unterschiedliche Normen bereithält, leben die Menschen von Anbeginn ihres Lebens in einem kulturellen System, welches sie entweder dem einen oder dem anderen Geschlecht zuordnet und sie mit entsprechenden Anforderungen und Bedingungen konfrontiert. Damit wird ausgedrückt, dass sich die Welt für Mädchen und Frauen anders darstellt als für Jungen beziehungsweise für Männer.

In der westlichen Industriegesellschaft moderner Prägung sind unterschwellig noch immer jene Ideale, Werte und Normen wirksam, die sich aus der neuzeitlichen Trennung von beruflichem und privatem Bereich, von Arbeitsstätte und Familienraum ergaben. Im ausgehenden 18. Jahrhundert etablierte sich das Bild der Frau als Gattin, Hausfrau und Mutter. Die Frau ist die Hüterin des Heimes, sie sorgt für das körperliche und seelische Wohlergehen der Kinder und des Mannes. Sie ist finanziell und rechtlich vom Mann abhängig und wird als schwach angesehen. Der Mann hingegen gilt traditionell als das Oberhaupt der Familie; seine Vorstellungen werden befolgt. Er schreitet hinaus in die Welt, um Geld für die Seinen zu verdienen und repräsentiert die Familie nach außen.

Die an der Schwelle zur Moderne neu begründeten Vorstellungen von Frau-Sein und Mann-Sein wirken bis in die Gegenwart hinein und werden fälschlicherweise als «natürlich gegeben» angesehen. Mädchen und Jungen werden in dieses System der verschiedenen Geschlechterrollen hineingeboren und lernen durch Anschauung, durch Unterweisung und durch eigenes Handeln in dieser vorstrukturierten Welt, was von ihnen als Frauen bzw. Männer erwartet wird.

Ein «richtiger Mann» muss demnach über folgende Attribute und Fähigkeiten verfügen:

- Stärke, Entschlossenheit, Überlegenheit
- Leistungswille, Konkurrenzdenken
- Logisch-analytisches Denken, Beherrschung und Kontrolle von Gefühlen

Zu den selbstverständlichen weiblichen Tugenden und Pflichten, welche zum kulturellen Frauenbild gehören, zählen:

- Schwäche, Passivität, Zurückhaltung
- Gehorsam, Wohlverhalten, Unterordnung
- Emotionalität, Mitgefühl, Fürsorglichkeit

Die unterschiedlichen Rollenvorgaben vermittelten den Geschlechtern lange Zeit Sicherheit, Berechenbarkeit und Orientierung. Die daraus resultierende Aufgabenteilung erschien sinnvoll und entlastend. Jedoch standen die männliche und die weibliche Kultur nicht gleichrangig nebeneinander, vielmehr wurde die weibliche von der männlichen Kultur beherrscht. Im Laufe der Jahrzehnte und Jahrhunderte begannen die Frauen sich mehr und mehr gegen diese Geschlechterhierarchie aufzulehnen. Sie wehrten sich dagegen als schwach angesehen zu werden und vom Mann abhängig zu sein. Sie lehnten sich gegen ihre Reduzierung auf das Private auf, verlangten die gleichen Rechte wie die Männer, in der Familie und im Staat. Sie wollten Bildung, Arbeit, Mitbestimmung und Freiheit.

Heute erscheinen uns diese Forderungen eingelöst. Frauen können studieren, sie können wählen und sich politisch engagieren; sie entscheiden über ihren persönlichen Lebensweg – mit Partner oder ohne Partner, mit Kindern oder ohne Kinder. Auch ihrer beruflichen Karriere steht formal nichts entgegen. Nie waren so viele Frauen so hoch qualifiziert wie heute. Sie haben die besten Chancen, auf der beruflichen Erfolgsleiter höher und höher zu klettern. Und dennoch: in den obersten Machtzentralen der Gesellschaft – ob in der Politik, in der Wissenschaft oder in der Wirtschaft – sind sie unterrepräsentiert.

4. Frauen in einer männlichen Arbeitskultur: Traditionen und Tabus

Das Top-Management in Deutschland ist für leistungsbereite hochqualifizierte Frauen ein Territorium, das einer Wüste gleicht, für die Frauen offensichtlich nicht die richtigen Überlebensstrategien besitzen. In den USA sind ca. 10 Prozent Frauen in den Top-Positionen der Wirtschaft zu finden und 20 Prozent im mittleren Management. Auch im Vergleich zu den europäischen Nachbarinnen, die bis zu 30 Prozent der Stellen des mittleren Managements besetzen, fällt in Deutschland die Zahl der weiblichen Führungskräfte der mittleren Ebene mit nur 8,2 Prozent beschämend aus. Im Spitzenmanagement sieht es noch düsterer aus: Im Jahr 1995 waren von 115 598 Positionen des Top-Managements lediglich 7192 von Frauen besetzt.

Wenn Frauen angeblich so gute Führungskräfte sind, was hält sie dann davon ab, dies im Beruf auf adäquaten Positionen auch zu zeigen? Was sind die Gründe dafür, dass so wenig Frauen Führungspositionen in Unternehmen erreichen?

Es mag sein, dass sich noch immer viele Frauen im Zweifelsfall für die Familie entscheiden und auf eine Karriere verzichten, wenn sie mit ihrem Familienleben nicht vereinbar scheint. Auch können mangelnde Motivation und Scheu vor der Verantwortung im Einzelfall dem Vorwärtskommen entgegenstehen, doch die wesentlichen Gründe dafür, dass Frauen an der Unternehmensspitze eine Minderheit darstellen, liegen sicherlich in der Unternehmensstruktur und -kultur. Diese ist von Männern geprägt und ausgerichtet auf deren Alleinherrschaft. Dies bedeutet: Männer fördern Männer. Sie wollen ihre Macht nicht mit Frauen teilen und verweigern ihnen deshalb die gerechte Anerkennung ihrer Fähigkeiten und ihrer Leistungen.

Wen wundert da, dass Frauen immer häufiger danach streben ihre eigene Chefin zu werden. Unabhängig von betriebsinternen Seilschaften können sie ihr hohes innovatives Potential umsetzen und unabhängig von männlicher Gängelung ihre eigenen Vorstellungen von Betriebs- und Menschenführung verwirklichen. Nach Angaben des Verbandes Deutscher Unternehmerinnen Köln wird in Deutschland gegenwärtig jede dritte Firma von einer Frau gegründet; der Anteil der Frauen unter den etwa 3,4 Millionen Selbständigen liegt bei mittlerweile 25 Prozent, während die Frauenquote aller Existenzgründungen noch in den siebziger Jahren bei lediglich 10 Prozent lag. Mit 6,1 Prozent, so das Bundesministerium für Bildung, Wissenschaft und Forschung, scheitern in Deutschland genauso viele Unternehmen von Männern wie von Frauen. Das Risiko einer Unternehmensgründung trifft die Geschlechter in gleichem Ausmaß – an den geschlechterspezifischen Fähigkeiten kann es also nicht liegen.

4.1 Wirtschaft als Männerwelt

Bis vor wenigen Jahrzehnten waren die Machtzentralen der deutschen Wirtschaft reine Männerdomänen. Frauen hatten lediglich als Sekretärinnen oder in ähnlichen zuarbeitenden Positionen Anteil an dieser Welt. In den isolierten Sphären der Chefetagen waren die Männer also weitgehend unter sich und konnten so ihre eigene Unternehmens- und Führungskultur aufbauen.

Auch heute noch haben Frauen tendenziell mit diesen alten Strukturen zu kämpfen, denn je höher die Hierarchiestufen umso wichtiger werden für den Erhalt der eigenen Position im Unternehmen die informellen Strukturen und Beziehungen. In der Männerkultur der beruflichen Welt haben Männer für Männer Netzwerke geschaffen, die den Aufstieg und den Machterhalt sichern sollen. Frauen haben weniger weibliche Mentoren, die ihre Karriereschritte begleiten. Sie sind aus den bestehenden männlichen Netzen, die noch immer den Charakter von Zünften und Männerbündnissen haben, weitgehend ausgeschlossen und konnten jahrzehntelang nur durch immense Anpassungsleistungen in diese geschlossene Gesellschaft vorstoßen – und auch dann blieben sie immer nur geduldete Eindringlinge.

Aus der Tradition heraus ist die Führungsrolle eines Unternehmens männlich. Begründet wurde dies damit, dass Männer aufgrund ihrer biologischen Ausstattung angeblich besser für diese Tätigkeit geeignet seien. Es verwundert deshalb nicht, dass Untersuchungen zutage brachten, dass die Eigenschaften, die traditionell von einem Manager erwartet werden, allesamt dem männlichen Rollenbild entsprechen. Frauen können also keine Manager sein – es sei denn, sie ließen alles Weibliche hinter sich und würden zum Mann.

Frauen tun sich umso schwerer in die Phalanx der Männerbünde einzudringen, als die Stellenbeschreibungen im Managementbereich kaum strukturiert und die Kriterien der persönlichen Eignung vage und subjektiv gefärbt sind. Die Auswahl von Führungsnachwuchs geschieht jedoch im wesentlichen durch Männer. Diese wiederum wählen Männer aus, da sie sich problemlos in die männliche Führungskultur integrieren lassen. Personalbeurteilung, die für innerbetriebliche Beförderungen maßgeblich sind, werden ebenfalls von Männern verfasst und enthalten subjektive Bewertungen aus männlicher Sicht.

Frauen sind anders – ihre Verhaltensmuster und Sprachcodes entsprechen nicht dem bekannten Bild der Führungskraft. Ihre Art und Weise mit Menschen und Problemen umzugehen ist den Männern der Führungsebene eher fremd und verunsichert sie. Männer sind miteinander vertraut und können das gegenseitige Verhalten in bestimmten Situationen abschätzen.

> Verständigungsprobleme mit der Außenseiterin Frau im Management verursachen Abwehr und Misstrauen und führen dazu, dass sich die Reihen schließen: Frauen werden als Eindringlinge erlebt, die die männliche Führungskultur destabilisieren und die bestehenden Machtansprüche gefährden könnten.

Entsprechend sehen die Barrieren aus, auf die sich Frauen gefasst machen müssen, wenn sie den steinigen Weg in Richtung Karriere in Angriff nehmen wollen. Frauen finden sich häufig in beruflichen Positionen wieder, die unter ihrem Ausbildungsstand liegen. Ihre hervorragende Qualifikation fällt ihrem Geschlecht zum Opfer und kann weder von ihr noch von ihrem Arbeitgeber genutzt werden. Solche Stellen erweisen sich häufig als Sackgassen für den beruflichen Erfolg von Frauen. Sie können nicht zeigen, was in ihnen steckt, sie werden von den Verantwortlichen nicht wahrgenommen oder haben zuarbeitende Funktion für einen Mann, der an ihrer Stelle den Sprung auf die nächste Karrierestufe schafft. Häufig bleiben sie aus den informellen Informationswegen ausgeschlossen, so dass wichtige Entscheidungen an ihnen vorbei gefällt werden und ihnen manche Chance zur Mitgestaltung verwehrt bleibt.

Jene Frauen, denen es trotz aller Widerstände gelungen ist, in die Führungsetagen aufzusteigen, müssen sich an Spielregeln halten, die sie nicht aufgestellt haben. Sie stehen als Ausnahmeerscheinung unter besonderer Beobachtung ihrer Kollegen. Der so geschaffene Druck auf die Frauen stellt eine zusätzliche Belastung dar. Sie dürfen keine Fehler machen, keine Schwäche zeigen und müssen ständig beweisen, dass sie trotz ihres Geschlechts die notwendige Kompetenz für ihre Tätigkeit besitzen.

> Frauen müssen als Neueinsteigerinnen im Führungsbereich um etwas kämpfen, was ihre Kollegen aufgrund der langen Tradition der männlichen Managementkultur schon vorfinden: fachliche Anerkennung, persönlichen Respekt und soziale Integration.

Um die Bedingungen für Frauen in den Unternehmen zu verbessern, müssen eine ganze Reihe von Veränderungen auf struktureller Ebene und im Bewusstsein der männlichen Verantwortlichen stattfinden. Subtile Diskriminierung und äußere Barrieren, die den Aufstieg von Frauen erschweren, haben ihre Wurzeln im Wirtschafts- und Geschlechterverständnis unserer Kultur. Sie können beseitigt werden, wenn es gesellschaftlich wirklich gewünscht wird, beziehungsweise wenn die Einbeziehung von Frauen in unternehmerische Planungen und Entscheidungen als wirtschaftliche Notwendigkeit erkannt wird.

Tatsache ist jedoch, dass noch immer viele Industriebetriebe im Status quo verharren. Gegen besseren Wissens halten sie an scheinbar Bewährtem fest. Die Trägheit gegenüber der Einführung neuer Führungsstile lässt sich damit begründen, dass alles Neue Mut zum Risiko, Innovationsfreude und ein höheres Engagement erfordert, ohne dass der direkte Nutzen unmittelbar spürbar ist, während Bekanntes Sicherheit vermittelt und dem Einzelnen ein souveränes Auftreten ermöglicht. Das Delegieren von Aufgaben und das Teilen von Verantwortung wird nicht als Entlastung und Bereicherung verstanden, sondern als Machtverlust; es wird damit als Herabsetzung erlebt.

Wenn ein Unternehmen soweit ist, dass es das fachliche Knowhow und die weiblichen Führungsqualitäten als Ressourcen entdeckt hat und für seinen Betriebserfolg nutzen will, so muss also bereits im Vorfeld eine Veränderung des Bewusstseins erfolgen. Es müssen dann seitens der Unternehmensführung strukturelle Bedingungen geschaffen werden, welche den Frauen ein erfolgreiches Wirken ermöglichen.

Hierzu ist es notwendig, dass weiblich geführte Gruppen firmenintern genauso behandelt werden wie männlich geführte Gruppen. Da ein Team mit einer Frau an der Spitze in der Organisation eher selten ist, befindet sich die Gruppe in einer Außenseiterposition, welche dazu führt, dass sie vermehrt Aufmerksamkeit erfährt. Die skeptischen Reaktionen des betrieblichen Umfeldes verunsichern die Gruppenmitglieder möglicherweise und setzen sie unnötig unter Druck, was wiederum zu Konflikten innerhalb der Gruppe führen kann oder Abgrenzungsbestrebungen und Illoyalität gegen die eigene Leiterin heraufbeschwört. Diesem Prozess kann die Firmenleitung nur entgegentreten, indem sie die fachliche Qualifikation der weiblichen Führungskraft und ihre persönliche Eignung für die Aufgabe betont. Sie muss die gleichen Befugnisse haben wie ihre männlichen Kollegen in vergleichbarer Position und darf nicht von den offiziellen und informellen Informationskanälen abgeschnitten sein.

Statussichernde Symbole haben für Frauen zwar nicht oberste Priorität; dennoch ist die Gleichbehandlung hinsichtlich der Ausstattung, die mit einer bestimmten Position verbunden ist, sehr wichtig. Gleiche Dotierung wie die männlichen Kollegen, Geschäftswagen, gehobene Ausstattung der Arbeitsräume usw. garantieren, dass Frauen im Betrieb anerkannt werden und ihnen der gleiche Stellenwert wie ihren männlichen Führungskräften zukommt. Darüber hinaus achten auch die Mitarbeiterinnen und Mitarbeiter auf die Statussymbole, die ihrer Vorgesetzten zugebilligt werden, und identifizieren sich mit ihnen.

Ein Unternehmen muss einer Frau in leitender Stellung beim Einsatz spezifischer Führungsmittel auch die notwendige Zeit geben, um sich zu beweisen. Frauen sind beispielsweise aufgrund ihrer Sozialisation besonders geeignet, effektive und kreative Gruppen zu führen. Der besondere Vorteil von Teamwork erschließt sich jedoch erst nach einer etwa halbjährigen Gruppenphase. Damit eine erfolgreiche Teambildung gewährleistet werden kann, benötigen Frauen also einen Vertrauensvorschuss, ein bestimmtes Kontingent an Zeit und den nötigen Handlungsspielraum. Die verantwortlichen Kräfte der Unternehmensspitze müssen diese Faktoren berücksichtigen, wenn sie weibliche Gruppenleitung objektiv beurteilen wollen.

Es wird ersichtlich, wie vielfältig die Mechanismen der Behinderung weiblicher (Nachwuchs)-Führungskräfte sind und wie zuverlässig das komplexe System der Verdrängung von Frauen aus den Machtbereichen wirkt.

Geschlechterhierarchisierende Normen und Werte der Gesellschaft bilden eine stabile Grundlage, die die negative Beurteilung von Frauen in Führungspositionen und die mangelnde Bereitschaft, Platz für sie zu schaffen, in den Strukturen und in den Köpfen der Beteiligten verankert.

Die beschriebenen organisationsinternen Barrieren gehen dabei Hand in Hand mit verinnerlichten Barrieren, die in der Psyche der Frauen wirken. Leistungsbereite und begabte weibliche Nachwuchskräfte sind Bestandteil einer Gesellschaft, die für Frauen – entsprechend deren «natürlicher Bestimmung» – andere Aufgaben- und Lebensbereiche vorsieht als für Männer. Auch sie waren einmal kleine Mädchen, die mit bestimmten Rollenerwartungen und Vorbildern lebten, die über bewusste und unbewusste Überzeugungen zu einem Selbstbild führten, das sich bezüglich der beruflichen Ambitionen der erwachsenen Frauen als kontraproduktiv erweist.

4.2 Innerpsychische Barrieren

Die Schwierigkeiten der Selbstbehauptung von Frauen im Beruf haben ihre Wurzeln in den verbindlichen Normen und Verhaltensregeln, die unsere westliche Welt mit Weiblichkeit und Männlichkeit verbindet.

Die männliche Kultur orientiert sich eher an Werten wie Macht und Ansehen. Es geht im wesentlichen darum, eine Position innerhalb einer hierarchischen Ordnung einzunehmen, Überlegenheit anzustreben und den eigenen Status zu sichern. In dieser dominanzorientierten Kultur haben Bindungen die Aufgabe, den eigenen Aufstieg voranzutreiben; Beziehungen werden in diesem Sinne instrumentalisiert.

Die Werte und Verhaltensmuster, nach denen sich der größere Teil der Frauen richtet, weil sie ihre Welt von Kindesbeinen an beherrschten, lässt sich hingegen als beziehungsorientierte Kultur bezeichnen.

> Die weibliche Kultur legt einen Schwerpunkt auf die Beziehungen zu den Mitmenschen und betont den Wert von Bindung und Verbundenheit, Vertrauen und Vertrautheit. Frauen definieren ihre Identität demzufolge eher über die Beziehungen zu anderen Menschen. Sie knüpfen und pflegen Kontakte, sie kümmern sich um andere, schlichten Konflikte und sorgen für ein emotional ausgeglichenes Klima.

Das Problem, das sich für Frauen aus der starken Bezogenheit auf andere ergeben kann, ist ihr Bedürfnis, gemocht zu werden. Sie können schlecht «Nein» sagen, wollen nett sein und in Harmonie mit allen Menschen leben – so ließe sich ihre Haltung überspitzt formulieren. Daraus ergeben sich Verhaltenstendenzen, welche den eigenen beruflichen Aufstieg möglicherweise torpedieren. Das männliche Modell des Managements schließt nämlich ein, anderen zu befehlen, sie zu kritisieren und sich selbst möglichst überlegen darzustellen.

Das Beherrschen anderer Menschen gehört jedoch nicht zum weiblichen Selbstbild. Frauen sehen sich nicht als die Mächtigen und wollen auch nicht so gesehen werden, deshalb treten sie eher zurückhaltend auf und üben ihren Einfluss aus, ohne ihre Macht nach außen zu demonstrieren. Macht verstehen sie als Verantwortung – im Sinne einer Aufgabe, die ihnen ermöglicht, Einfluss auf Menschen und auf Abläufe zu nehmen, um diese positiv zu verändern und deren Fortentwicklung zu sichern.

> Ein Aussage der Hamburger Bischöfin Maria Jepsen mag stellvertretend für das Machtverständnis vieler Frauen an der Spitze von Organisationen stehen: «Zwar habe ich heute Macht, mehr als viele andere, doch ich will und kann sie nicht über andere ausüben, sondern für andere.»

Es ist ein wissenschaftlich dokumentiertes Phänomen, dass Frauen dazu neigen, ihre eigene Kompetenz in Frage zu stellen und sich im Vergleich zu ihren männlichen Kollegen als geringer qualifiziert einzuschätzen. Eine Erklärung hierfür ist, dass sie – dem weiblichen Rollenbild folgend – ihre Fachkenntnis im Gespräch herunterspielen, um dem Gegenüber auf einer eher partnerschaftlichen Ebene begegnen zu können. Dazu passt auch, dass Frauen oft ihre übergeordnete Position verschweigen, dass es ihnen peinlich ist, ihren akademischen Titel zu nennen und dass sie gerne auf Statussymbole verzichten.

Paradoxerweise sind jene Verhaltenstendenzen, die Frauen zu guten Führungskräften machen, nämlich ihr distanziertes Verhältnis zur eigenen Macht, gerade diejenigen, die sie daran hindern aufzusteigen und ihre Befähigung auch zu zeigen. Sie legen keinen Wert auf Titel und andere Symbole der Macht, sondern interessieren sich mehr für den Inhalt ihrer Tätigkeit und die großen Zusammenhänge, in denen ihre Arbeit steht. Dass Frauen bloßes Machtstreben ablehnen und Statusrangeleien nicht zu ihrem Verhaltensrepertoire gehören, lässt sie in den Augen der Männer (und mancher Frauen) als führungsschwach erscheinen.

Eine andere Erklärung für das Phänomen der weniger günstigen Selbsteinschätzung und Selbstdarstellung von Frauen im Beruf liegt in den Bedingungen der geschlechtshierarchischen Arbeitskultur, die ihre Wurzeln im Wirtschafts- und Geschlechterverständnis unserer Gesellschaft hat. In einer sozialen Gemeinschaft, die die Unterschiede zwischen den Geschlechtern betont und darüber hinaus das weibliche Geschlecht als das schwächere und weniger leistungsfähige ansieht, ist es nicht verwunderlich, dass Frauen im männlichen Umfeld des Berufes letztendlich das verinnerlichen, was die Umwelt ihnen tagtäglich suggeriert.

Die Verinnerlichung von hierarchisierenden Zuschreibungen macht bewusste Diskriminierung von Frauen fast überflüssig, verschleiert die reale Benachteiligung von Frauen im Beruf und garantiert die Weiterführung einer männerdominierten Berufswelt. Die Übernahme der männlichen Sicht ist für Frauen eine Falle, denn ein Unternehmen ist ein System, welches auf Autorität und Status aufbaut. Mangelndes Selbstvertrauen und zögerliches Auftreten sind schwere Gewichte auf dem Weg nach «oben».

Frauen verlassen mit einem Aufstieg in die Machtebenen der Wirtschaft die gewohnten Pfade und betreten Neuland. Die Kluft zwischen den Erwartungen aufgrund der erreichten Position und den Verhaltenserwartungen, die mit der Rolle als Frau verknüpft sind, nehmen mit den Karrierestufen zu und bringen die Frauen in Konflikt mit ihrer Berufs- und Geschlechterrolle. Der scheinbare Anpassungsdruck bewirkt eine Übernahme männlicher Verhaltensmuster, die mit denen der weiblichen Rolle kollidieren. Der Rollenkonflikt wird verstärkt, durch die Widersprüche, die entstehen, wenn Frauen im Beruf ihren Mann stehen müssen und im privaten Bereich als fürsorgliche Mutter gefordert sind.

Trotz der Hemmfaktoren, die im weiblichen Auftreten und in der Psyche von Frauen begründet sind und Einfluss auf deren berufliches Fortkommen haben, dürfen Frauen bezüglich ihrer beruflichen Benachteiligung nicht als die Alleinverantwortlichen erscheinen. Vielmehr müssen die vielfältigen

Wechselwirkungen zwischen strukturellen Behinderungen, den damit ver-
knüpften geschlechtsspezifischen Normierungen und den daraus resultie-
renden psychischen Hemmnissen von Frauen im Blick bleiben.

5. Frauenförderung durch Bildung: Potentiale statt Defizite

Wissenschaft kann Zusammenhänge aufdecken und sie kann die Entstehungsbedingungen von gesellschaftlichen Phänomenen beleuchten. Was sie nicht kann, ist Missstände zu beseitigen – dies ist Aufgabe der Politik und der Verantwortlichen in den gesellschaftlichen Machtbereichen. Hingegen ist es eine Pflicht der Forschenden, ihre Ergebnisse der Öffentlichkeit zugänglich zu machen. Menschen können dann auf der Grundlage diesen Wissens sich und ihre Anliegen in demokratische Entscheidungsprozesse einbringen und andererseits können sie Angebote wahrnehmen, die ihre persönliche Weiterentwicklung unterstützen.

Beratungsangebote, Bildungsmaßnahmen und Ratgeberliteratur zum Selbststudium sollten sich in diesem Sinn als Möglichkeiten des Transfers wissenschaftlicher Erkenntnis in den Alltag von Menschen verstehen. Die Beschäftigung mit den Hintergründen der beruflichen Benachteiligung und der persönlichen Verunsicherung von Frauen kann Hilfestellung bieten und als erster Schritt in Richtung einer positiven Veränderung angesehen werden.

5.1 Bildungsmaßnahmen für weibliche Führungskräfte

Bisherige Angebote zur Weiterbildung von Frauen in führenden Positionen orientieren sich an den Bildungsmodellen des männlichen Managements. Diese nehmen traditionell die Analyse der Defizite einer Führungskraft als Ausgangsbasis für mögliche Förderungsmaßnahmen. Die ersten Fragen bezüglich der Planung herkömmlicher Bildungsmaßnahmen sind: Was kann die Person nicht? Was muss sie lernen?

Dieses Defizit glaubt man beheben zu können durch flächendeckende Schulung des Führungspersonals. In standardisierten Veranstaltungen werden im wesentlichen Techniken vermittelt, von deren Anwendung im betrieblichen Alltag man sich Erfolge verspricht. Die (Nachwuchs)Manager sollen sich die notwendigen Führungsinstrumente (z. B. Mitarbeitergespräche) aneignen, um das Engagement ihrer Mitarbeiterinnen und Mitarbeiter zu optimieren, um das Betriebsergebnis zu steigern etc.

Neben den Veranstaltungen zur Vermittlung nutzbaren Wissens findet sich eine zweite Form von Weiterbildungsangeboten für Führungskräfte. Diese stützt sich auf die Erkenntnis, dass fachliche Kenntnisse und Fertigkeiten heute nicht mehr ausreichen, um den Erfordernissen einer hochrangigen beruflichen Position gerecht zu werden und stellt die Förderung der Persönlichkeit von Führungskräften in den Vordergrund.

Im Gegensatz zu ihren männlichen Kollegen, deren umfassende Persönlichkeitsbildung den Unternehmen am Herzen zu liegen scheint, werden Frauen eher in Bildungsveranstaltungen mit fachlichen Inhalten geschickt und in wesentlich geringerem Umfange in Weiterbildungsseminare, die sich mit dem Thema der persönlichen Entwicklung beschäftigen. Dies führt dazu, dass Frauen, die für die berufliche Position, die sie innehaben, meist ohnehin schon fachlich überqualifiziert sind, sich weiteres Wissen aneignen. Die wesentlichen Tipps und Hilfestellungen, um Karrierechancen zu erkennen und zu nutzen, bleiben ihnen aber verwehrt. Kommunikations- und Persönlichkeitsseminare zu besuchen, ist häufig die private Angelegenheit der einzelnen Frau.

In offenen gemischtgeschlechtlichen Seminaren zu den genannten Themenbereichen werden zwar verschiedene Techniken des Selbstmanagements vermittelt, diese schließen aber die frauenspezifische Problematik nicht mit ein. Im Gegenteil: Frauen finden in den Bildungsveranstaltungen genau dieselbe widersprüchliche Situation vor, mit der sie am Arbeitsplatz konfrontiert sind. Übungen zur Rhetorik beispielsweise orientieren sich immer an der männlichen Norm; Fallbeispiele werden meist auf die männliche Lebenswelt und Erlebensweise hin konzipiert; frauendiskriminierendes Verhalten wird nicht thematisiert und weibliche Lebenszusammenhänge werden ausgeklammert. Gleichzeitig werden in gemischten Gruppen weibliche Verhaltensmuster als abweichend sanktioniert.

Statt das bestehende Ungleichgewicht zwischen den Geschlechtern zu reproduzieren und die Frauen mit ihren karrierebezogenen Problemen zu isolieren, setzen reine Frauenseminare mit weiblichen Trainerinnen darauf, nicht nur neue Techniken zu vermitteln, sondern auch die Hintergründe für die Entstehung von karrierehinderlichen Handlungsweisen zu beleuchten. Im gleichen Zug werden unbewusste Kompetenzen der Frauen aufgedeckt und in das berufliche Verhaltensrepertoire aufgenommen. Der Markt der Anbieter frauenspezifischer Seminare wächst langsam aber kontinuierlich. Auswirkungen auf das allgemeine Arbeitssystem werden sich zwar erst langfristig zeigen, Erfolge aber werden die Teilnehmerinnen dieser Form von beruflicher Weiterbildung sofort spüren.

Vor der Planung und Durchführung von Maßnahmen zur Förderung von Führungspersönlichkeiten darf nicht die Analyse von Defiziten stehen, sondern die Orientierung an den Kompetenzen des Individuums: «Was kann die Person? Welche Bedingungen müssen erfüllt sein, dass sie ihre Kompetenzen in der Praxis verwirklichen kann?»

Die Annahme, dass jeder Mensch bereits über verschiedene Fähigkeiten verfügt, die er im Beruf jedoch nur bedingt zeigen und nutzen kann, lenkt die Aufmerksamkeit auf jene Bedingungen, die der Umsetzung dieses Potentials in konkrete Handlungen entgegenstehen. Zur Beseitigung der hemmenden Faktoren ist es etwa notwendig, das kollegiale Umfeld und die Kommunikationswege, die betriebliche Abläufe und die Nutzung von Ressourcen zu überprüfen. Durch Maßnahmen der Umgestaltung von Elementen der betrieblichen Organisation werden gebundene Kräfte und verschüttete Kompetenzen freigesetzt. Im optimalen Falle kann die Führungskraft ihre Möglichkeiten aufgrund der veränderten Außenbedingungen voll ausschöpfen und ihre Aufgabe besser wahrnehmen. Die Durchführung solcher Maßnahmen wäre gerade im Bereich der Frauenförderung wünschenswert, da die äußeren Arbeitsbedingungen, die Frauen vorfinden, meist von Männern geformt werden und Frauen auf subtile Weise behindern. Da Männer jedoch das Problem nicht als solches erkennen, weil es das ihre schließlich nicht ist, wird es die Aufgabe von verantwortungsbewussten innovativen Frauen sein, die langfristige Veränderung der geschlechtertrennenden und -hierarchisierenden Arbeitskultur voranzubringen.

Aber: neben den äußeren Umweltfaktoren können eben auch innere Faktoren das Führungsverhalten von weiblichen Vorgesetzen hemmen bzw. negativ beeinflussen. Das Erkennen der eigenen Grenzen und das Vertrauen auf individuelle Stärken sind die Eckpfeiler der selbstbewussten Persönlichkeit, die ihrerseits Voraussetzung für erfolgreiches Führen ist.

5.2 Persönlichkeit als Führungsfaktor

Die starke Konkurrenz am internationalen Markt und die hohe Arbeitslosigkeit am Ende dieses Jahrhunderts haben zur Folge, dass der Druck auf die Führungsetagen der Industrie wächst. Von einer erfolgreichen Führungskraft wird erwartet, dass sie sich für ihr Unternehmen engagiert und dieses Engagement auch bei ihren Mitarbeiterinnen und Mitarbeitern weckt. Alle Managementaufgaben – wie planen, entscheiden, Visionen entwickeln – hängen davon ab, wie gut eine Führungskraft ihr Team überzeugen und mobilisieren kann. Letztlich ist es die persönliche Glaubwürdigkeit, die über Misserfolg oder Erfolg bestimmt und nicht mehr nur die fachliche Qualifi-

kation. Diese muss natürlich außer Zweifel stehen – dass eine Führungspersönlichkeit über das notwendige Fachwissen verfügt und über die neuesten
Entwicklungen und Trends in ihrem Fachbereich informiert ist, wird vorausgesetzt.

Das Stichwort vom «lebenslangen Lernen» umschreibt eine Notwendigkeit und zugleich eine Forderung, die für den Wandel der westlichen Industriegesellschaft hin zu einer globalen Wissensgesellschaft charakteristisch ist.
Die Zergliederung und Flexibilisierung der Arbeitswelt sowie die immer
schneller fortschreitende technische Entwicklung und damit verbunden die
Ausweitung von Wissensbeständen lässt es notwendig erscheinen, sich über
die grundlegende Berufsausbildung hinaus ständig weiterzubilden. Fachliche Weiterbildung allein reicht aber längst nicht mehr aus. Um den Anforderungen des Arbeitsplatzes gerecht zu werden, rückt mehr und mehr die Persönlichkeit des Einzelnen in den Vordergrund. Die individuelle Kompetenz
im sozialen Umgang, die Herangehensweise an neue Situationen und Auf-
gabenstellungen, die Art der Leistungsmotivation und Frustrationsverar-
beitung sind Bereiche der Persönlichkeit, deren Weiterentwicklung somit zu
einem bedeutenden Weiterbildungsthema wird. Dieser Trend wird sich in
Zukunft weiter verstärken.

*Persönlichkeitsentwicklung bedeutet, sich seiner Werte und Haltungen, Wahr-
nehmungen und Handlungsweisen bewusst zu werden und diese im Falle
eines Falles neu auszurichten. Da jede Person ein komplexes System darstellt,
führt jeder Eingriff und jede Veränderung zu vielfachen Wechselwirkungen,
deren Richtung sensibel abgeschätzt werden muss.*

Die unterschiedlich starke Nachfrage von Frauen und Männern nach profes-
sioneller Beratung und das unterschiedliche Interesse an einschlägiger (Ratgeber)-Literatur zeigt, dass Frauen sich mehr mit ihrer eigenen Person
beschäftigen und sich mehr mit deren Wurzeln und ihren Entwicklungspo-
tentialen beschäftigen.

Dies entspricht der Weltsicht von Frauen und ihrem Selbstbild. Während
Frauen sich immer wieder selbst hinterfragen und versuchen sich über Vergleiche, über sachliche Information und über persönliche Rückmeldungen
ihres Standes in der Welt zu versichern, sehen Männer sich eher als «einsame
Wölfe». Sie bleiben tendenziell auf sich alleine gestellt und sind weniger
daran interessiert, wie sie von anderen gesehen werden und welche Anregungen daraus für sie erwachsen könnten, sondern gehen den einmal einge-
schlagenen Weg unbeirrt weiter. In bestimmten Situationen auf die eigenen
Empfindungen zu achten oder sich mit den Wahrnehmungen anderer auseinanderzusetzen, hieße auch sich selbst zu hinterfragen und sich wo nötig
und wo möglich auch ein Stück weit von angestammten Meinungen und

Verhaltensweisen zu lösen, um Platz zu machen für Entwicklungen der eigenen Persönlichkeit. Gleichzeitig beinhaltet aber Veränderung beziehungsweise Entwicklung das Eingeständnis von Unvollkommenheit. Schwäche aber mögen sich die meisten Männer nicht leisten. Sie verdrängen sie, um sich nicht damit auseinandersetzen zu müssen und sie verstecken sie vor anderen, um das Image vom starken Erfolgsmenschen aufrechthalten zu können – welchen Preis sie auch immer dafür zahlen müssen.

Frauen können eher damit leben, dass sie Fehler machen und Schwächen an sich feststellen. Sie deuten dies als Chance zur Veränderung, als Möglichkeit zu lernen und als Hinweis auf Entwicklungspotentiale.

Indem sich viele Frauen für die Entwicklung ihrer eigenen Persönlichkeit interessieren und sich auf einem Weg hin zu mehr Selbsterkenntnis und Authentizität befinden, sind sie ideale Partnerinnen für Unternehmen, die Wert legen auf innovative, beziehungs- und teamfähige Führungspersönlichkeiten, die keine Angst haben, ihr Gesicht zu verlieren und notwendige Veränderungen mutig angehen.

Die besondere Stärke der Frauen liegt in ihrer Glaubwürdigkeit. Sie reden nicht nur, sie handeln auch danach und schaffen damit breite Akzeptanz bei ihren Mitarbeiterinnen und Mitarbeitern. Die Folge ist eine außerordentlich hohe Einsatzbereitschaft für Ziele, die als gemeinsame Ziele erkannt werden, weil weibliche Führungskräfte andere an ihrer Macht teilhaben lassen, sie zu eigenem Denken und selbstverantwortlichem Handeln ermutigen und dabei bemüht sind, authentisches Vorbild zu bleiben.

Gerade im Bereich Führung, wo sich die Aufgabe der Motivation von Mitarbeiterinnen und Mitarbeitern stellt, ist die Entwicklung der eigenen Persönlichkeit unabdingbare Voraussetzung für ein effektives und alle Seiten zufriedenstellendes Arbeiten.

Persönlichkeitsentwicklung soll hier verstanden werden als ein Weg zur individuellen ganzheitlichen Entfaltung des geistigen, emotionalen und körperlichen Leistungspotentials. Das Erkennen der eigenen Möglichkeiten und Grenzen schafft die Voraussetzung für eine Steigerung des beruflichen Erfolges und ist der erste Schritt zur Selbstakzeptanz. Nur wer für sich selbst die Verantwortung übernimmt, kann die Verantwortung für sein Arbeitsgebiet und für seine Mitarbeiterinnen und Mitarbeiter tragen. Erst die Versöhnung mit sich und die Klarheit über die eigene Person macht den Blick frei für den Anderen.

Teil II:
Weibliche Führungsqualitäten:
Potentiale und
ihre Realisierung

Die wissenschaftlichen Erkenntnisse über die außerordentlich hohe Führungskompetenz von Frauen und deren bisher vernachlässigte Potentiale werden von der breiten Medienöffentlichkeit zum großen Teil nicht beachtet. Das mag zum Teil daran liegen, dass sie an einem Tabu rühren. Viele Männer mögen nicht glauben, dass Frauen in gleicher Weise geeignet sind, Führungsaufgaben zu übernehmen wie sie selbst. Und auch Frauen trauen ihren eigenen Potentialen wenig – sind sie doch damit groß geworden (oder klein geblieben), ständig an ihre biologische Bestimmung erinnert zu werden, die zwar die Übernahme von Verantwortung in der Familie vorsieht, ihnen aber eine mögliche Verantwortlichkeit im öffentlichen Leben abspricht.

Häufig haben Frauen ihre spezifischen Qualitäten aus dem Blick verloren. Manchmal haben sie ihre Talente und Fähigkeiten nicht als Potentiale geschätzt, sondern – dem männlichen Blick folgend – alles, was ihnen typisch weiblich erschien, als Mangel betrachtet. Sie mussten im Berufsleben ihre vermeintliche Unzulänglichkeit ausgleichen mit Fleiß, sie mussten ihre sogenannten Defizite unauffällig beheben durch Fortbildungen und andere Qualifizierungsbemühungen, und versuchen ihre weiblichen Anteile zu begraben, zu verstecken, zu ignorieren.

Frauen können mehr als sie wissen. Dass sie selbst erkennen, welche wertvolle und nützliche Ressourcen für den beruflichen Aufstieg ihre brachliegenden Talente darstellen, ist die Voraussetzung für ihren beruflichen Erfolg und hat Auswirkungen, nicht nur für die aufstiegsinteressierte Frau, sondern für alle Frauen und letztlich für die gesamte Kultur. Je mehr Frauen in verantwortliche Positionen der Wirtschaft, der Wissenschaft und der Politik gelangen und sich dort bewähren, umso eher kann sich ihre spezifische Gestaltungskraft durchsetzen und zu notwendigen Veränderungen im gesellschaftlichen und wirtschaftlichen Leben beitragen. Sich auf die Spur verschütteter weiblicher Kompetenzen zu machen, an deren Entwicklung zu arbeiten und sie im beruflichen Alltag umzusetzen, ist ein erster Schritt in diese Richtung.

1. Klarheit: Was will ich und was kann ich?

1.1 Die eigene Person im Blick

1.1.1 Persönlicher Führungsstil?

Frauen mit Führungsaufgaben müssen ihren eigenen Führungsstil finden. Zwar gibt die Unternehmensphilosophie allgemeine Führungsrichtlinien vor, doch sind diese nur ein erster Anhaltspunkt. Die Vorgaben lassen genügend Spielraum, um einen eigenen Stil des Umgangs mit Mitarbeiterinnen und Mitarbeitern zu praktizieren. In der Theorie werden zwei extreme Führungsstile formuliert. Diese kommen jedoch im beruflichen Alltag kaum vor. Vielmehr lassen sich so viele Führungsstile finden, wie es Führungspersönlichkeiten gibt. Aus dem Bedürfnis nach Ordnung und Struktur jedoch und in der Absicht, den gemeinsamen Austausch über diese Führungsstile zu erleichtern, versucht man, ihre Vielfalt zu sammeln und in übergeordneten Kategorien zusammenzufassen.

> Die tatsächlich praktizierten Führungsstile sind immer Mischformen, die sich zwischen einem autoritären Führungsstil und einem eher kooperativen Führungsstil bewegen.

Der autoritäre Führungsstil zeichnet sich dadurch aus, dass der Führer einer Gruppe das alleinige Sagen hat. Er gibt Anweisungen und überwacht die Arbeit. Die Mitarbeiterinnen und Mitarbeiter müssen sich unterordnen und haben wenig Entscheidungsspielräume und eigene Verantwortungsbereiche. Die Leistungsfähigkeit einer so geführten Gruppe kann hoch sein; die Arbeitszufriedenheit der Gruppenmitglieder, ihr Zusammenhalt und die Loyalität dem Vorgesetzten gegenüber jedoch kaum.

Im Gegensatz dazu setzt der kooperative Führungsstil auf die Eigeninitiative und Verantwortlichkeit der Gruppenmitglieder und bezieht die Persönlichkeit des Einzelnen mit ein. Seine Kompetenz und seine Meinung werden geschätzt und sein Entscheidungsrahmen ist relativ groß. Entsprechend ordnet die Führungskraft nicht einfach nur an, sondern sie empfiehlt, setzt gezielte Impulse, gibt Informationen und ist Ansprechpartner bei Problemen. Die Zeit, welche die Gruppe benötigt, um ihr hohes Leistungspotential voll zu entfalten, wird durch die hohe Mitarbeiterzufriedenheit ausgeglichen. Dadurch wird ein überdauerndes Engagement aller Beteiligten gesichert.

1.1.2 Die eigene Person in der Mitte

Die Mischformen zwischen den Führungsstilen ergeben sich aus den unterschiedlichen Persönlichkeiten der Führenden. Die individuelle Art und Weise, mit Mitarbeiterinnen und Mitarbeitern umzugehen, kann je nach Notwendigkeit, Aufgabenstellung, Situation und Zusammensetzung der Gruppe wechseln. Letztendlich hängt der Erfolg eines Führungsstils jedoch von den inneren, häufig unbewussten Überzeugungen und Einstellungen des Führenden ab. Sie steuern sein Handeln, seine Entscheidungen und die Art, wie er auf Menschen zugeht. Ein angelernter Stil wirkt aufgesetzt. Die Mitarbeiterinnen und Mitarbeiter werden früher oder später Ungereimtheiten entdecken. Entspricht ein von anderen kopierter Stil nicht der eigenen Persönlichkeit, so wirkt die Führungskraft unglaubwürdig. Dies wird ihre Überzeugungskraft merklich vermindern und für Unruhe in der Abteilung sorgen.

Unabdingbare Voraussetzung für das Finden jenes Führungsstils, der am besten zur eigenen Person passt, ist, sich Klarheit über sich selbst zu verschaffen. Die eigenen Motive für die Berufswahl und die Beweggründe der Karriereentscheidung dürften hier genauso eine Rolle spielen wie das Erkennen eigener Möglichkeiten und Grenzen.

Unter Führung versteht man die bewusste und planmäßige Einflussnahme auf die Mitarbeiterinnen und Mitarbeiter mit der Absicht, die Ziele der Gruppe zu verwirklichen und damit die planerischen Vorgaben des Unternehmens zu erreichen.

Die Leiterin einer Abteilung setzt also ein Ziel fest, stellt einen Plan zur Erreichung dieser Vorgabe auf und teilt ihrer Gruppe mit, wie sie diesen umsetzen soll. Voraussetzung für den Erfolg ist die Motivation der Mitarbeiterinnen und Mitarbeiter, die Planung der Vorgesetzten zu verwirklichen und sich konstruktiv an der Lösung von Aufgaben zu beteiligen. Auf einen Nenner gebracht bedeutet erfolgreiches Führen also, die eigene Gruppe zu aktivieren und ihren Zusammenhalt zu stärken. Erst wenn diese Voraussetzung erfüllt ist, kommen die speziellen Aufgabenbereiche der Führungskraft wie Zielsetzung und Planung zum Tragen. Den persönlichen Einsatz der Gruppenmitglieder zu stärken gelingt am besten, wenn nicht die mit einer bestimmten

Führungsposition verbundene Machtbefugnis die Grundlage des Führungsverhaltens ist, sondern die Qualität der persönlichen Beziehungen zwischen Leitung und Gruppe. Die Beziehungen können sich dann zum Vorteil des Arbeitsergebnisses entwickeln, wenn die Managerin ihre Mitarbeiterinnen und Mitarbeiter mit ihren Eigenschaften und Fähigkeiten kennt, deren persönliche Bedürfnisse und Einstellungen wahrnimmt und auf ihre Anregungen und Probleme reagiert.

Führungskräfte repräsentieren ihre Arbeitsgruppen nach außen gegenüber anderen Gruppen des Unternehmens. Zugleich wirken sie innerhalb ihres Teams als Beispiel und vermitteln ihren Mitarbeiterinnen und Mitarbeitern Orientierung für das eigene Verhalten. Ihre Wirkung nach außen und nach innen macht sie zu einem Identifikationsobjekt für ihre Umgebung. Je besser sich die Führungskraft selber als Person wahrnimmt, je sicherer sie sich ihrer Wirkung nach außen ist und je sensibler sie auf ihre Mitarbeiterinnen und Mitarbeiter eingehen kann, umso mehr können sich diese mit ihr identifizieren und umso stärker dürfte deren Motivation sein, sich für ihre Tätigkeit zu engagieren.

1.1.3 Erfolg und Lebenszufriedenheit

Ein erfolgreicher Berufsweg hängt nicht zuletzt von der Übereinstimmung zwischen privaten Bedürfnissen und beruflichen Plänen ab. Ausgezeichnete Fachkenntnis und ein starker Wille sind hervorragende Voraussetzungen für den Aufstieg auf der Karriereleiter. Sie werden aber nicht genügen, wenn sich die Person nicht mit ihrem Beruf identifiziert. Die Entscheidung für die Karriere muss einem inneren Bedürfnis entspringen, wenn sie zu persönlicher Zufriedenheit und beruflichem Erfolg führen soll. Eine Entscheidung aufgrund rationaler Überlegungen, zufälliger Angebote oder anderer Notwendigkeiten wird zur Folge haben, dass sich immer wieder Zweifel an der Richtigkeit der Entscheidung einstellen. Die berufliche Herausforderung wird so zur Belastung statt zum Ansporn für persönlichen Einsatz: das berufliche Engagement geschieht zögerlich, die Person hadert mit ihrem vermeintlichen Schicksal und geht Anstrengungen aus dem Weg.

Diese unbedingte Entscheidung für den Beruf verlangt nicht, dass die Frauen kein Leben neben ihrer Karriere haben dürfen. Im Gegenteil: machen die Frauen ihren Job gerne, dann gehen sie zwar darin auf, lassen sich aber nicht von ihm verschlingen. Die Energie wird eingesetzt für ein lohnendes, sich selbst tragendes Vorhaben. Daneben bleibt Raum für andere wichtige Bedürfnisse und Ziele.

Häufig wird ein solches Ziel der Aufbau einer eigenen Familie sein. Meist schieben junge Frauen heute den Gedanken an ein eigenes Kind hinaus, bis sie sich beruflich etablieren konnten. Manchmal ist es dann zu spät, weil vielleicht der richtige Partner fehlt, gerade jetzt ein berufliches Angebot auf den Tisch kommt, das man unmöglich ablehnen kann oder der eigene Körper den Kinderwunsch vereitelt. Vielen Frauen kommt es so vor, als ob es den richtigen Zeitpunkt für eine Schwangerschaft nicht gäbe. Und sie haben recht – andererseits gibt es aber auch keinen allgemeingültigen falschen Zeitpunkt. Wenn sich ein Kind ankündigt, ist dies immer mit großen Veränderungen im Leben einer Frau verbunden. Sie wird sehen müssen, wie sie sich ihr weiteres Leben einrichtet. Zwar kann und sollte sie eine Schwangerschaft planen und die beruflichen Gegebenheiten in ihre Überlegungen miteinbeziehen, doch vor der Planungsphase muss die ehrliche Auseinandersetzung mit ihrem persönlichen Kinderwunsch stehen. Erst wenn sie sich sicher ist, in ihrem Leben nicht auf Kinder verzichten zu wollen, kann sie weitere Überlegungen anstellen.

Frauen müssen sich heute nicht mehr entscheiden für Beruf oder Familie – sie können beides haben. Dabei wissen sie von Anfang an, dass dies kein leichtes Unternehmen sein wird.

Es gibt kaum Vorbilder, an denen sie sich orientieren könnten, im Hinblick auf die Vereinbarkeit von Familie und hochqualifizierter Berufstätigkeit: nur jede dritte Frau im gehobenen Management ist Mutter. Das soziale Umfeld bringt wenig Verständnis für Frauen auf, die trotz eines kleinen Kindes arbeiten wollen. Die Kinderbetreuungsmöglichkeiten in den deutschsprachigen Ländern sind bei weitem unzureichend und erschweren die adäquate Unterbringung. Und nicht zuletzt haben viele Männer noch immer ein Problem, wenn ihre Partnerin das Familienheim verlässt, um sich ihrem beruflichen Fortkommen zu widmen, da in diesem Fall seine Position als Familienernährer ins Wanken gerät und die Beteiligung an Haus- und Familienarbeit gefordert wird. Jedoch: Je mehr sich Frauen über ihre persönlichen Lebensziele klar werden, umso leichter gelingt die Vereinbarkeit von Familie und Beruf.

Das Geheimnis beruflich erfolgreicher Mütter ist ihre klare Entschiedenheit. Sie treffen keine halbherzigen Entscheidungen – wohl aber erlauben sie sich «Halbheiten» im Alltag.

Das Bild der tadellosen Hausfrau kann kein Maßstab für Berufsfrauen sein. Da wird eben aus der Tiefkühltruhe gekocht, da bleiben die Betten manchmal ungemacht liegen und die Fenster müssen schmutzig bleiben – es sei denn, die Familie entschließt sich eine professionelle Haushaltshilfe zu bezahlen.

Wichtig ist, dass die Berufsfrau dazu steht, dass sie nicht allen Idealen gerecht werden kann. Was für den Haushalt gilt, gilt erst recht für die Kinder. Vom Bild der perfekten Mutter müssen sich die jungen Frauen so schnell wie möglich trennen. Es ist eine Utopie, der schon nichtberufstätige Mütter nicht gerecht werden können und schon gar nicht jene Frauen, die ihren Beruf weiter ausüben. Mütter können nicht immer gut, geduldig und fürsorglich sein. Sie sind eigene Persönlichkeiten, die ihre Aufgabe an einem Tag besser und an einem anderen Tag weniger gut erfüllen können. Frauen machen sich das Leben schwer, wenn sie sich keine Fehler und Schwächen gestatten und wenn sie bereit sind, die alleinige Verantwortung für das zukünftige Lebensglück ihrer Kinder zu übernehmen. Kindern kann man viel mehr zumuten als gemeinhin angenommen. Das kindliche Empfinden von Geborgenheit ist nicht abhängig von mütterlicher Rundumversorgung, sondern von einem Gefühl der Kontinuität und einer liebevollen häuslichen Atmosphäre. Beides kann auch eine berufstätige Mutter gewährleisten, wenn sie sich nicht als die wichtigste Person im Leben des Kindes wahrnimmt, sondern andere Personen – sei es den Vater des Kindes, eine Oma oder eine zuverlässige Kinderfrau – mit in die Betreuung einbindet. Die Kinder werden keinen Schaden nehmen, sondern eine Bereicherung erfahren, da sie die Gelegenheit haben, unterschiedliche Erfahrungen zu machen und enge Beziehungen zu mehreren Erwachsenen eingehen können. Das Erleben einer berufstätigen zufriedenen Mutter trägt außerdem dazu bei, dass Kinder stolz auf ihre Eltern sind, bereitwillig altersgemäße Aufgaben übernehmen und schneller selbständig werden.

1.1.4 Alles hat zwei Seiten

Es scheint zum Frausein zu gehören, dass sich Widersprüche wie ein roter Faden durch die weibliche Biographie ziehen. So können weibliche Fähigkeiten, die Frauen im Verständnis der neueren Managementtheorien für Führungsaufgaben prädestinieren, zugleich schwere Gewichte sein, die den Aufstieg erschweren. An Führungsfrauen wird deren Integrationskraft und Teamfähigkeit geschätzt. Damit kommen sie allerdings zu Beginn ihrer Laufbahn keinen Schritt auf der Karriereleiter weiter. Für den Aufstieg wäre es nämlich förderlicher, sich an entsprechender Stelle zu positionieren und zu profilieren, um als leistungsfähige Einzelperson wahrgenommen zu werden. Neuerdings stehen Männer umgekehrt vor dem gleichen Dilemma: Sie sollen sich auf dem Weg nach oben durch Durchsetzungsstärke auszeichnen, um oben angekommen mit ihrer Kooperations- und Kompromissfähigkeit zu glänzen. Die Quadratur des Kreises? Nicht unbedingt!

Frauen wissen, wie man mit Ambivalenzen lebt. Ohne sich dessen bewusst zu sein, orientieren sie sich ihr ganzes Leben lang zugleich an den Vorgaben des traditionellen und an den Forderungen des modernen Frauenbildes, um daraus ihre eigene Identität zu basteln.

Widersprüche zeigen nur, wie vielfältig die Erwartungen von Menschen sind und wie bunt das Spektrum der Verhaltensmöglichkeiten ist. Das eigene Handlungsrepertoire erweitert sich, je unterschiedlicher die Erwartungen sind, mit denen man sich konfrontiert sieht. Es bleibt der einzelnen Person überlassen, abzuwägen, welchen Anforderungen, die an sie gestellt werden, sie im Moment und in der Situation nachkommen will. Es ist ihre individuelle Kompetenz, flexibel zu entscheiden, welches Verhalten sie zeigen will. Je umfangreicher die Kenntnis über die Zusammenhänge und Ursachen der fremden Erwartungen ist, umso mehr wächst das Bewusstsein für die persönliche Wahlmöglichkeit und die eigene Verantwortlichkeit. Dieses Bewusstsein bewirkt, dass die Einzelne die Ambivalenzen nicht nur besser aushalten kann, sondern dass sie sie auch als Möglichkeit nützt, sich frei zu entscheiden. Die Auseinandersetzung mit widerstrebenden Erwartungen festigt zudem den eigenen Stand. Man lernt, dass man es niemals allen recht machen kann und dass Diplomatie und Strategie dann Bestandteile des Erfolges sind, wenn man selbstsicher und flexibel mit unterschiedlichen Verhaltensweisen jonglieren kann.

Jede Entscheidung für das eine ist eine Entscheidung gegen das andere – das Risiko, das Falsche zu tun, ist immer gegeben. Was bleibt, ist die Forderung, mutig den persönlichen Weg zu gehen. Vor der Entscheidung für ein bestimmtes persönliches Ziel jedoch oder auch nur für einen Richtungswechsel des bisherigen Weges sollte eine Phase des Innehaltens stehen: um sich die eigenen Bedürfnisse vor Augen zu rufen, um mögliche Stolpersteine zu erkennen und sich schließlich ein Bild der persönlichen Potentiale zu machen.

1.2 Visionen und Ressourcen

1.2.1 Berufliche Ziele und private Bedürfnisse

Wer nicht in der Lage ist, klare Ziele für sein Leben und für seinen Beruf zu formulieren, läuft Gefahr, sich zu verlaufen. Ziele stehen nicht am Ende eines Weges, sondern bilden den Anfang. Wer sich mit seinen Zielen beschäftigt, ist in Gedanken seinem Leben ein Stück voraus.

> Grundlage für die Zielfindung ist die intensive Auseinandersetzung mit den eigenen Wünschen, Träumen und Bedürfnissen. Die Wirklichkeit von morgen ist heute als Gedanke im Kopf und bestimmt den zukünftigen Weg.

Berufliche Ziele zu bestimmen ist nur dann sinnvoll, wenn sie auch realistisch sind und wirklich erreicht werden sollen. Zu hohe Zielsetzungen wirken eher negativ, da die Angst vor dem Scheitern und die Befürchtung, den selbst gesetzten Anforderungen nicht gerecht zu werden, das persönliche Engagement hemmen. Ein Phantasieziel, welches eigentlich nicht wirklich erreicht werden soll, entwickelt nicht genügend Zugkraft, um den möglicherweise langen Weg bis zur Zielerreichung zu überbrücken.

Ziele sind selbstgesetzte Herausforderungen. Sie geben dem Tun Sinn, sie motivieren und lenken Energien in die gewünschte Richtung, sie bündeln die Aufmerksamkeit und organisieren das Handeln, sie mobilisieren verborgene Kräfte und stärken das Selbstvertrauen. Um die volle Wirksamkeit von Zielen zu garantieren, ist es notwendig, sie klar und eindeutig zu formulieren und am besten auch schriftlich festzuhalten, damit sie greifbar und ständig vor Augen sind. Jedes Ziel sollte genau definiert und wie ein Bild beschrieben sein. Das «ausgemalte» Bild der Zielerreichung garantiert gleichzeitig, dass die Zielsetzung wie eine positive Feststellung und nicht wie ein Wunsch wirkt. Also nicht: «Ich will Abteilungsleiterin werden», sondern: «Ich bin in fünf Jahren Leiterin der Personalabteilung einer großen Einzelhandelsfirma mit Sitz in München. Ich werde ein großes helles Büro haben, das Doppelte meines heutigen Gehalts verdienen, mit Spaß in die Arbeit gehen, die Anerkennung meiner Mitarbeiterinnen und Mitarbeiter genießen…».

Setzen Sie sich mit den folgenden Fragen zu Ihren beruflichen Zielen auseinander. Notieren Sie sich Stichpunkte:

Welche Bedeutung hat der Beruf zum jetzigen Zeitpunkt in meinem Leben?

_____

_____

_____

_____

Welche beruflichen Ziele möchte ich verwirklichen?

_____

_____

_____

_____

Welche Zwischenschritte sind dazu notwendig?

_____

_____

_____

_____

In weiten Kreisen der Gesellschaft gelten die berufliche Sphäre und der private Bereich noch immer als zwei Welten, die kaum etwas gemeinsam haben. Die strikte zeitliche Trennung des Tages in Arbeitszeit und Freizeit und die räumliche Trennung in Arbeitsplatz und Privatwohnung drücken dies aus. Der Mensch indes, der sich zwischen Beruflichem und Privatem bewegt, bleibt immer derselbe. Was die Arbeitskraft und die Privatperson unterscheidet, sind die unterschiedlichen Rollenvorgaben, nach denen sie sich zu richten haben. So gelten die Regeln der Berufswelt zuhause nicht und mit den privaten Umgangsformen fällt man im Arbeitsleben möglicherweise unangenehm auf. Menschen müssen und können den unterschiedlichen Rollenvorgaben und Anforderungen gerecht werden – berufstätige Mütter vollführen täglich diesen Spagat.

Heute sind Bestrebungen zu erkennen, Berufliches und Privates stärker zu verbinden. Besonders Frauen wehren sich gegen eine Teilung ihres Lebens und damit ihrer Person. Sie versuchen beide Bereiche im Alltag zu vereinbaren oder zumindest gleich stark zu gewichten.

Die ausschließliche Konzentration auf einen der beiden gesellschaftlichen Bereiche, wie sie lange Zeit durch die Aufgabenteilung zwischen den Geschlechtern vorgegeben wurde, beginnt nach und nach zu weichen. «Der Beruf für die Männer, die Familie für die Frauen»: dies gilt heute nicht mehr. Als Frauen entdeckten, dass ihnen auch eine außerhäusliche Tätigkeit Spaß machen könnte, bei der sie selbst Geld verdienen konnten, sich neue Wissensgebiete erschließen und Verantwortlichkeiten übernehmen konnten, wurde – mit Unterstützung der Emanzipationsbewegung – die Berufstätigkeit zum wichtigen Feld der Selbstverwirklichung von Frauen. Heute ist es selbstverständlich, dass Frauen, sofern sie es selbst wünschen, berufstätig sein können. Selbst wenn sie Kinder bekommen, ist dies für sie kein zwingender Grund mehr, aus ihrem Beruf auszusteigen.

Neuerdings lässt sich auch feststellen, dass gerade junge Männer die durch ihr Geschlecht vorgegebene starke berufliche Orientierung ablehnen. Möglicherweise haben sie an ihren Vätern beobachten können, wie wenig persönlicher Spielraum den Männern blieb, wenn sie sich völlig ihrem Beruf verschrieben. Sie wollen heute Zeit mit ihren Freunden oder ihren Kindern verbringen, noch Energie für eine Partnerschaft haben und Raum schaffen für eigene Interessen – nicht zuletzt auch ihrer Gesundheit zuliebe. Wie die Frauen ihren Anteil an der beruflichen Welt beanspruchen, so bewegen sich die Männer langsam auf die Familie und angrenzende Lebensbereiche zu.

Der Eintritt in die neue Welt der Führungsetagen war in der Vergangenheit allerdings für viele Frauen nur zu erreichen durch ein radikales Zurückdrängen aller anderen Interessen und Bedürfnisse.

Leistungsfreudige und ehrgeizige Frauen mit Spaß an ihrer Arbeit und an ihrem Erfolg orientierten sich in der Vergangenheit zwangsläufig am überlieferten männlichen Modell der Berufsausübung – Frauen in leitenden Positionen, die Vorbild hätten sein können, fehlten meist.

Die Forderung lautete: höchster Einsatz und weitgehender Verzicht auf Privates. Nach Jahren des hohen Engagements für ihre Karriere müssen diese Frauen häufig feststellen, dass vieles auf der Strecke blieb, was ihnen einmal wichtig war. Ihnen ergeht es wie vielen Männern heute, die irgendwann einmal bemerken, dass das «wirkliche Leben» an ihnen vorbeizieht, während sie mit ihrem Beruf beschäftigt sind.

Für Frauen und Männer stellt sich die Problematik der Vernachlässigung der privaten Lebensbereichs auf unterschiedliche Weise. Männer tun sich weitaus schwerer damit, die Gewichtungen in ihrem Leben zu korrigieren, da beruflicher Erfolg traditioneller Bestandteil ihres männlichen Selbstverständnisses ist. Während Männer sich weitgehend über ihre Berufstätigkeit definieren, haben Frauen eher die Wahl. Sie können ihre Freiheit dazu nutzen, ganz eigene neue Wege zu gehen. Untersuchungen haben gezeigt, dass ein ganzheitliches Leben den meisten Frauen wichtig ist. Dafür gilt es, genau abzuwägen, welche Ziele sie im Leben verfolgen möchten und wo sie in bestimmten Lebensabschnitten ihre Prioritäten setzen.

Um festzustellen wo Ihre privaten Bedürfnisse liegen und welche Bedeutung einzelne Lebensbereiche für Sie haben, fragen Sie sich:

Welche privaten Bedürfnisse habe ich?

_____

_____

_____

_____

Wie wichtig sind zur Zeit Ehemann/Partner und Kinder in meiner Lebensplanung?

_____

_____

_____

_____

Für welche Dinge, Menschen oder Aktivitäten soll Raum in meinem Leben bleiben?

_____

_____

_____

_____

1.2.2 Veränderungen sind möglich

Einmal ein bestimmtes Ziel formuliert zu haben, bedeutet nicht, dass dieses für immer gilt und nicht verändert werden darf. Zieldefinitionen zwängen nicht ein, sie geben lediglich Orientierung und lassen dabei Raum für Spontanes. Ein Lebenskonzept gibt dem Leben zwar Struktur, diese ist jedoch nicht starr, sondern flexibel. Der große Vorteil aber ist, dass ein Konzept ermöglicht, zielbezogen zu agieren und nicht nur auf aktuelle Herausforderungen und plötzliche Situationen zu reagieren.

Menschen gewinnen mit den Jahren an Erfahrung und werden reifer. Lebenssituationen ändern sich und ehemals geltende Werte und Verhaltensrichtlinien entwickeln sich weiter. Es ist ein Zeichen hohen Selbstbewusstseins, wenn Ziele nach regelmäßiger Prüfung ihrer Gültigkeit in verantwortlicher Weise neu gesetzt werden. Das Individuum alleine bestimmt, wo seine Prioritäten im Leben liegen und welche Schwerpunkte es im Beruf setzt. Man kann durchaus mehrere Ziele im Leben verfolgen. Da sie sich vermutlich nicht immer gleichzeitig und unmittelbar umsetzen lassen, ist es wichtig zu wissen, welches Ziel derzeit höchste Priorität hat, damit die volle Konzentration darauf gewährleistet ist.

Niemand kann eine Person letztlich zwingen, Dinge zu tun, die ihr widerstreben. Wenn eine beruflich engagierte Frau also lange Arbeitszeiten in Kauf nimmt, ist dies genauso ihre Entscheidung, wie es in ihrer Hand liegt, sich Zeiten freizuhalten für die Dinge und Menschen, die ihr am Herzen liegen. Über ihr Leben kann sie selbst bestimmen; sie bestimmt die Richtung und kann in ihrem Tempo vorwärtsgehen, sie kann wann immer sie will Veränderungen einleiten und ihre Prioritäten wechseln.

Dass Sie sich mit diesem Buch befassen, drückt Ihr Interesse aus, sich mit Ihrer eigenen Person auseinanderzusetzen und steht für den Wunsch nach Weiterentwicklung und Veränderung. Wie also soll sich die Qualität Ihres Lebens verändern? Fragen Sie sich:

Was ist mir im Leben wichtig?

_____

_____

_____

Mit welchem Bereich bin ich zufrieden und wo will ich etwas ändern?

_____

_____

_____

1.2.3 Die Frage nach den Motiven

Beruflicher Erfolg kann sich dauerhaft und befriedigend nur einstellen, wenn der Wunsch, sich beruflich zu engagieren und Außerordentliches zu leisten, einem persönlichen Bedürfnis entspringt.

Um in eine Führungsposition aufzusteigen und sich dort dauerhaft zu bewähren, muss die Motivation von der eigenen Person ausgehen. Sie sollte ausgesprochene Freude an Herausforderungen verspüren, gerne Verantwortung übernehmen und in ihrem beruflichen Feld mit viel Gestaltungswillen ans Werk gehen.

Der Gewinn einer befriedigenden beruflichen Tätigkeit in einer gehobenen Position ist außerordentlich groß: eigene Vorstellungen können in die Tat umgesetzt werden und der persönliche Erfahrungshorizont wird erweitert. Frauen können etwas bewirken und sich als wertvolles Mitglied der Gesellschaft erleben. Der Beruf bringt Abwechslung und ermöglicht Kontakte zu anderen Menschen; man wird Anerkennung erlangen und dadurch seinen Selbstwert festigen können. Nicht zu vergessen ist die finanzielle Unabhängigkeit, die eine Folge der höheren Verdienstmöglichkeiten in verantwortlichen Positionen ist. Wenn eine Führungskraft am richtigen Platz ist und ihre Tätigkeit ihrer Persönlichkeit entspricht, dann kann sie in ihrer Arbeit eine ganz besondere Bereicherung erfahren. Wer in seiner Aufgabe aufgeht, widmet seine ganze Aufmerksamkeit der jeweiligen Arbeit, lässt sich nicht ablenken, ist äußerst belastbar und erlebt seine Tätigkeit als lustvoll. Die positive innere Einstellung zum eigenen Tun bewahrt vor Frust, Langeweile und vor der Flucht in die Krankheit als Folge der «inneren Kündigung»; selbst bei starker beruflicher Belastung wird das Krankheitsbild des Burn-out kein Thema sein.

Geht die berufliche Motivation nicht auf ein persönliches Bedürfnis zurück, sondern ist der Grund für den eigenen Aufstiegswillen beispielsweise der Wunsch, «es jemandem zu zeigen», dann spricht das eher für mangelndes Selbstbewusstsein als für eine besondere Begabung zum Führen. Freilich kann die Freude an der Konkurrenz und das Sich-Messen mit anderen ein wirkungsvoller Motor für einen rasanten Aufstieg sein, doch gilt im Bezug auf die Karriere ebenso wie im Leben: Nach den Mühen der Berge folgen die Mühen der Ebene. Soll heißen: den Aufstieg auf der Karriereleiter zu schaffen ist das eine; sich «oben» zu halten, Freude an der Führungsaufgabe zu haben und sich diese über Jahre hinweg erhalten zu können, ist das andere. Wer nur aufsteigen will, um andere hinter sich zu lassen, wird auf seinem Berg ziemlich alleine sein und Probleme damit haben, die alltäglichen Herausforderungen als solche anzunehmen und mit seiner Macht verantwortlich umzugehen.

Das Gleiche gilt für den Fall, dass die berufliche Karriere ein quasi zufälliges Produkt ist, das nur entstehen konnte, weil in einem anderen Lebensbereich nicht alles so gelaufen ist, wie man es sich ursprünglich einmal vorgestellt hatte, und diese Enttäuschung kompensiert werden soll. Wenn der berufliche Erfolg als Ersatz für privates Glück herhalten muss, könnte es sein, dass über kurz oder lang ein Gefühl der Leere und der Sinnlosigkeit entsteht. Frauen, die sich für Kinderlosigkeit entschieden haben, können außerdem dem Irrtum unterliegen, Karriere machen zu müssen, da sie für diese private Entscheidung in ihrem sozialen Umfeld einen akzeptablen Grund benötigen. In beiden Beispielen geschieht die Entscheidung für den Beruf nicht freiwillig und bewusst, sondern unter Druck. Die Zufriedenheit, welche Frauen verspüren, die ihre Lebens- und Berufsziele bewusst reflektieren und konsequent auf die Erfüllung ihrer beruflichen Pläne und ihrer privaten Wünsche hinsteuern, kann sich in diesen Fällen nicht einstellen, da diese Führungskräfte sich eher als Opfer ihrer Karriere denn als Gestalterin ihres Lebens sehen werden.

Auch dürfen die unausgesprochenen Wünsche beispielsweise der Eltern oder des Partners keinesfalls die Grundlage für ein hohes berufliches Engagement bilden. Der Untergrund würde sich als nicht tragfähig genug erweisen, denn in Phasen höchster Belastung muss für die Führungspersönlichkeit zweifelsfreie Klarheit darüber bestehen, dass sie alleine sich für ihre Laufbahn entschieden hat und nur sie für eventuelle negative Gefühle wie Unzufriedenheit, Mutlosigkeit oder Unlust verantwortlich ist. Werden immer wieder Zweifel wach und kommen regelmäßig Bedenken auf, so wäre es an der Zeit, die eigene Motivationslage zu überdenken und die Gewichtungen im Leben zu überprüfen.

Um für sich zu überprüfen, aus welchen Gründen Sie Führungsverantwortung übernommen haben und warum Sie einen weiteren beruflichen Aufstieg anstreben, können Sie sich mit den folgenden Überlegungen auseinandersetzen:

Woher stammt die Motivation für meinen beruflichen Aufstieg?

_____

_____

_____

_____

Mit welcher inneren Einstellung erledige ich meine tägliche Arbeit?

_____

_____

_____

_____

Wichtig ist, sich zu vergegenwärtigen, dass Berufswege nicht immer gerade verlaufen und die eigene Motivation nicht alle Tage gleich sein kann. Alle Menschen unterliegen persönlichen Schwankungen und stehen mal mehr und mal weniger hinter dem, was sie tun. Die inneren Widerstände und Unsicherheiten dürfen einerseits nicht verdrängt werden, sie sollten aber andererseits auch nicht dazu führen, dass die eigenen Entscheidungen fortwährend angezweifelt werden. In der Sache muss grundsätzlich Klarheit herrschen, dann können kürzere Phasen der Unzufriedenheit überwunden werden. Ein wertvoller Hinweis dafür, ob man beruflich am richtigen Platz ist und sich voll einbringen kann, ist die Kontrolle des Erfolges. Wenn die Person und die Aufgabe zueinander passen, wird auch das Arbeitsergebnis positiv ausfallen; ist das Ergebnis schlecht, so lohnt es sich die eigene Motivation zu überprüfen.

1.2.4 Stärken und Entwicklungspotentiale

Befragt man Frauen über ihre starken Seiten, stellt man in Seminaren mit Frauen häufig fest, dass viele die Frage anscheinend nicht richtig wahrgenommen haben. Sie lassen sich nämlich detailliert über jene Fähigkeiten und positiven Verhaltensweisen aus, die ihnen scheinbar fehlen.

Die Tendenz vieler Frauen, sich eher mit ihren Schwächen als mit ihren Stärken auseinanderzusetzen, vernebelt ihnen die freie Sicht auf ihre Qualitäten. Dabei spricht alles für die Frauen: Sie haben generell die besseren Ausbildungszeugnisse, machen die besseren Schulabschlüsse als Männer und schließen im Schnitt auch schneller ihr Studium ab.

• Fachliche Kompetenzen:

Die Frage nach den fachlichen Kompetenzen richtet sich nach der Branche, in der eine Person arbeitet, und nach ihrem speziellen Aufgabengebiet. Das persönliche Berufswissen ist also sehr individuell und jede Frau muss sich alleine oder mit Hilfe einer individuellen Beratung auf die Spur ihrer Fachkompetenz machen.

Anhaltspunkte für eine persönliche Bestandsaufnahme bietet dabei der Lebenslauf einer Person: er enthält alle wichtigen Stationen ihres schulischen und beruflichen Werdegangs. Klappern Sie diese Stationen der Reihe nach ab und vergessen Sie auch nicht die vermeintlich kleineren Aufgaben, die sie erfüllt haben oder jene Verantwortungsbereiche, die sie nur kurzfristig innehatten. Sie können davon ausgehen, dass Sie auch durch diese Tätigkeiten Erfahrungen sammeln konnten. Erfahrungen machen Sie, wenn Sie ein Problem zu lösen haben. Alle Fähigkeiten, die Sie auf dem Weg der Problemlösung erworben haben, gehen danach nicht verloren, sondern werden in einem «Kompetenzpool» gespeichert und sind abrufbar. Wenn in Ihrem Leben erneut eine Situation auftaucht, deren Lösungsmuster einer früheren Erfahrung ähnelt, können Sie auf diese Fähigkeiten aus Ihrem «Kompetenzpool» zurückgreifen. Je unterschiedlicher Ihre Arbeitsgebiete waren, je komplexer die zu lösenden Aufgaben und je kreativer Ihre Lösungsstrategien, umso größer ist Ihre fachliche Kompetenz. Zu diesen Fähigkeiten aus der Berufserfahrung kommt noch das Wissen hinzu, das Sie in der Schule und den nachfolgenden Ausbildungsschritten erworben haben. Jeder Kurs und jedes Seminar, das Sie besuchen – jedes Fachbuch, das Sie lesen und jedes Fachgespräch, das Sie führen – erhöht Ihre Fachkompetenz. Auch wenn Sie nicht immer sehen können, wo das Gelernte in Ihren Berufsalltag einfließt, hat es dennoch eine Wirkung auf Ihre Sicht der Dinge und Ihr Verständnis der Zusammenhänge. Wissen muss nicht immer in eine konkrete Handlung münden, es beeinflusst dennoch Ihr Denken und ihr Verhalten.

Eine weitere Quelle, Ihr fachliches Können einzuschätzen, ist der Vergleich mit anderen. Da viele Frauen hier voreingenommen sind, ist es sehr wichtig, dass Sie sich um eine neutrale und sachliche Sicht Ihrer eigenen sowie der anderen Person bemühen. Sie werden zu unterschiedlichen Ergebnissen kommen – je nachdem mit welchen Menschen Sie sich vergleichen. Sie können zum Beispiel folgendermaßen vorgehen: Suchen Sie etwas, von dem sie meinen, dass es Ihre Kollegin besser kann als Sie, und formulieren dann: «Frau K. kann gut ... und ich kann gut ...». Es mag Ihnen merkwürdig vorkommen, sich auf diese Weise mit Ihrer Kollegin zu messen, aber der Vorteil bei diesem Vorgehen ist, dass Sie sich gedanklich wirklich in Ihren Arbeitszusammenhang begeben und dort nicht hängen bleiben bei Ihren Defiziten, sondern über die neutrale bis positive Sicht Ihrer Mitmenschen auch zu einer positiven Sicht Ihrer eigenen Person gelangen.

Sie haben nun einige Anregungen bekommen, die Ihnen das Stöbern in Ihrem «Kompetenzpool» und Ihrem «Wissensspeicher» leichter machen. Fragen Sie sich nun: «Was kann ich gut?» und fertigen Sie eine Liste Ihrer fachlichen Kompetenzen und Stärken an. Und denken Sie daran: Alles was auf Ihrer Liste noch fehlt, können Sie lernen!

_____

_____

_____

_____

● **Soziale Qualitäten:**

Mädchen werden auch heute noch vorwiegend auf die Familie hin erzogen. Obwohl mittlerweile die meisten Eltern Wert darauf legen, dass ihre Töchter eine gute Schul- und Berufsbildung bekommen, achten sie bei Mädchen doch mehr als bei Jungen auf soziales Verhalten. Mädchen werden gelobt, wenn sie Rücksicht nehmen, wenn sie Verständnis für die Problematik anderer haben und auf diese eingehen. Dadurch lernen Töchter schon früh ihre eigenen Wünsche zurückzustellen; sie reagieren rasch und flexibel auf neue Situationen und Anforderungen, entwickeln das Bedürfnis nach engen sozialen Kontakten und das Talent, diese auch zu halten. Gerade ihre früh erworbene und erprobte sozial-kommunikative Kompetenz ist es, die diese Mädchen im Erwachsenenalter so wertvoll macht für Unternehmen, die Teamarbeit und Kundenorientierung groß schreiben.

Welches sind Ihre speziellen Pluspunkte im Umgang mit anderen Menschen?

Schreiben Sie Ihre sozialen Qualitäten auf und legen Sie sie zu Ihrer Liste mit den fachlichen Kompetenzen.

_____

_____

_____

_____

● **Alltägliche Lebenserfahrungen:**

Menschen machen nicht nur im Laufe ihres Berufslebens Erfahrungen, die sie als Kompetenzen in ihren Arbeitsalltag einbringen und für ihre Karriere nutzen können. Auch im privaten Leben müssen sie sich mit größeren oder kleineren Problemen auseinandersetzen. Der Alltag bietet jede Menge von Erfahrungen, an denen wir Menschen lernen können.

Allerdings unterscheiden sich die täglichen Herausforderungen nach den Geschlechtern. Frauen und Männer leben nicht denselben Alltag. Schon die Bedingungen, unter denen sie in den Familien aufwachsen, sind unterschiedlich.

Wie schon erwähnt, wird von weiblichen Kindern eher eine soziale Orientierung erwartet, während männliche Kinder gelobt werden, wenn sie sich durchsetzen und etwas leisten. Der Bruch – der sich allerdings auch als Vorteil erweisen kann – kommt für Mädchen, wenn sie aus ihrem familiären Umfeld heraustreten und in die Schule kommen. Jetzt sollen auch sie – wie bisher nur die Jungen – Leistung bringen. Die neue Forderung, die da lautet, nicht nur freundlich, rücksichtsvoll und sensibel zu sein, sondern auch ehrgeizig und leistungsfreudig, wird im Laufe der Jahre immer stärker an die jungen Frauen herangetragen. Die mit der weiblichen Rolle verbundenen ursprünglichen Erwartungen bleiben allerdings ebenfalls bestehen. Frauen werden von der Gesellschaft doppelt gefordert: ihr «warmes, weiches Naturell» sollen sie beibehalten und im Beruf dennoch eine dominante Seite ausdrücken. Sie leben ihr ganzes Leben tendenziell in zwei Welten, in denen sie unterschiedliche Verhaltensweisen zeigen. Als private Frau, die möglicherweise Mutter ist, haben sie eine andere zu sein als im Berufsleben. Dieser Widerspruch ist lebenslang verknüpft mit dem Frausein und verlangt der Einzelnen viel ab. Rollenkonflikte und Doppelbelastung zählen hierzu, aber eben auch die wertvolle Kompetenz, mit Ambivalenzen und widersprüchlichen Erwartungen umgehen zu können.

Der weibliche Lebenszusammenhang ist ein ausgesprochen wirkungsvolles Trainingslager für die persönliche Belastbarkeit und für den Erwerb von Fähigkeiten, die für die Ausübung einer Führungsaufgabe im Beruf notwendig sind.

Weibliche Führungskräfte können sich flexibel in neue Situationen einfinden und ihre eigene Person wo nötig zurückstellen; sie sind fähig, schnell und pragmatisch zu handeln, und sie behalten auch im größten Trubel den Blick für das Wesentliche; sie haben gelernt, effektiv zu arbeiten und gut zu organisieren, und sie können unterschiedliche Menschen an einen Tisch und konträre Ansichten unter einen Hut bringen. Das wesentliche, was die Frauen aus ihrer «doppelten Sozialisation» mitbringen und was sie für eine Führungsposition qualifiziert, ist die kreative Sowohl-als-auch-Haltung, mit der sie an ihre Aufgaben herangehen, und die Fähigkeit strategisch vorzugehen, ohne dabei ihre Sensibilität und Intuition ungenutzt zu lassen.

Um sich ein Bild davon machen zu können, wie Ihre Persönlichkeit von Ihrem Leben als Mädchen bzw. Frau geprägt wurde, rufen Sie sich die Bedingungen und die Situationen ins Gedächtnis, die für Ihr Verständnis von Weiblichkeit ausschlaggebend waren und denen Sie Ihre «weiblichen» Kompetenzen verdanken.

Welche Anregungen erhielten Sie durch Ihre biographischen Bedingungen?

Welche Herausforderungen traten auf und wie konnten Sie diese bewältigen? Und das wichtigste: Was haben Sie dabei gelernt?

Als Mädchen: (z. B. Verhältnis zum Vater/zur Mutter, Berufstätigkeit der Eltern, Geschwisterkonstellation, soziale Kontakte, Spielmöglichkeiten und -vorlieben)

_____

_____

_____

_____

Als Jugendliche: (z. B. Jugendgruppen, Pubertät, erste sexuelle Erfahrungen, Vorbilder, Berufsausbildung)

_____

_____

_____

_____

Als Erwachsene: (Paarbeziehungen, Mutterschaft, Haushalt, Berufserfahrungen etwa Diskriminierung, Bevorzugung etc).

_____

_____

_____

_____

Denken Sie daran, dass jede Krise, die Sie bisher gemeistert haben, Ihnen ermöglichte, Fähigkeiten zu entwickeln, auf die Sie ein Leben lang zurückgreifen können. Alles was in Ihnen steckt können Sie im Notfall mobilisieren. Ihre Lebenserfahrungen sind also so etwas wie geistig-seelische Ressourcen, auch wenn sie Ihnen weitgehend unbewusst sind. Der amerikanische Psychiater Milton Erickson formulierte es so: «Von Kindheit an hast Du Wissen erworben, doch du konntest nicht all dies Wissen im Vordergrund deines

Geistes behalten. Im Unterbewussten Gelerntes wird in Zeiten der Not zugänglich.»

Not muss nicht Krise bedeuten. Die alltäglichen Herausforderungen im Beruf und im Privaten reichen aus, unseren Erfahrungsschatz zu mobilisieren und zu erweitern.

- **Soziale und materielle Ressourcen:**

Neben den geistig-seelischen Ressourcen, die auf der Haben-Seite der individuellen Bestandsaufnahme als persönliche Stärken verzeichnet werden können, hat jede Frau spezifische Rahmenbedingungen, die sie zu ihrer Unterstützung nutzen kann.

Zu den äußeren Ressourcen zählen Personen, die bereit und fähig sind, Ihnen zu helfen. Hilfe und Unterstützung drückt sich dabei recht unterschiedlich aus. Sie kann bestehen aus Trost, aus Zuspruch, aus Zuwendung und Aufmerksamkeit. In Zeiten, wo alles über einen hereinbricht, darf es auch mal tatkräftige Entlastung sein: Computer reparieren, den Einkauf abnehmen, bei Krankheit zur Apotheke gehen, das Auto in die Werkstatt bringen, Kinder vom Kindergarten abholen etc. Die genannten Beispiele beziehen sich nun allesamt auf Ihren privaten Bereich. Man könnte hier von «Guten Geistern» sprechen, die Ihnen den Rücken stärken, oder von «Nothelfern», die einspringen, wenn Not an der Frau ist. Eine weitere Gruppe von Menschen, die für Sie soziale Unterstützung bedeuten könnte, sind Personen aus Ihrem Arbeitsleben: Personen, die es gut mit Ihnen meinen, die Ihnen weiterhelfen, wenn Sie in einer Sackgasse zu stecken glauben, die Ihnen wertvolle Tipps geben können, die als Mentoren fungieren und Sie fördern. Es geht um jene Kontakte, die umgangssprachlich umschrieben werden mit «Beziehungen».

Pflegen Sie diese Beziehungen genauso wie Ihre Nothelfer und Ihre guten Geister. Soziale Unterstützung ist ein hohes Gut. Menschen, auf die Sie zählen können, erweisen sich möglicherweise irgendwann als entscheidender Faktor für Ihren beruflichen Erfolg.

Machen Sie sich bewusst, welche sozialen Kontakte Ihnen im beruflichen und privaten Alltag den Rücken stärken und Ihnen dabei helfen, sich beruflich auf hoher Ebene zu engagieren. Es kann sich dabei um viele unterschiedliche Personen handeln (Eltern, Geschwister, Verwandte, Partner, Freunde, Nachbarn, Kollegen etc.)

Auf wen kann ich zählen, wenn es mir persönlich schlecht geht?

_____

_____

_____

Wer unterstützt mich in der Organisation meines Alltags?

_____

_____

_____

Welche Personen können mir berufliche Hilfestellung geben?

_____

_____

_____

Weitere äußere Bedingungen, die Ihnen eine anspruchsvolle berufliche Position erleichtern bzw. erst ermöglichen, sind Ihre materiellen Ressourcen. Dazu zählt beispielsweise Ihr finanzieller Spielraum. Er entscheidet, ob Sie sich professionelle Hilfe für Ihren Haushalt oder auch Betreuung für Ihre Kinder leisten können. Ihr Einkommen bzw. Vermögen ist auch ein wesentlicher Faktor bei der Entscheidung für oder gegen eine aufwendige Fort- oder Weiterbildung, für einen kostspieligen Auslandsaufenthalt oder für die Inanspruchnahme karrierebegleitender Beratungs- und Coachingangeboten. Kuraufenthalte, Entspannungswochenenden und ausgedehnte Urlaube können Ihre Gesundheit und damit Ihre berufliche Leistungsfähigkeit erhalten – aber sie verursachen Kosten. Auch computertechnische Ausrüstungen, die Anschaffung eines Handys, ein zuverlässiges Auto, die Möglichkeit zu fliegen statt zu fahren oder der Erwerb einer Zweitwohnung kann für Sie Entlastung bedeuten – ist aber abhängig von Ihren finanziellen Mitteln.

Alle genannte Beispiele wirken sich nicht unmittelbar auf Ihren persönlichen Führungsstil aus; eine berechenbare finanzielle Situation kann Ihnen aber dabei helfen, sich besser auf Ihre berufliche Tätigkeit zu konzentrieren und entspannter mit Ihren Aufgaben umzugehen. Langfristig können Ihre materiellen Ressourcen dazu beitragen, dass Sie Privates und Berufliches ausgleichen können, Ihre Kräfte dort einsetzen können, wo es sich lohnt und Sie Ihre Freude am Beruf dauerhaft erhalten können.

2. Selbstverantwortung: Wie sehe ich mich und wie stelle ich mich dar?

2.1 Zwischen Innen und Außen

2.1.1 Verantwortlichkeiten

Menschen haben die Wahl. In einer freien Gesellschaft können prinzipiell alle mündigen Mitglieder zwischen verschiedenen Möglichkeiten ihr Leben zu gestalten, wählen. Allerdings bedeutet sich zu entscheiden auch, Verantwortung zu übernehmen – für sich selbst und für sein Handeln. Frauen wägen meist mit großer Sorgfalt ab, welche Auswirkungen ihr Verhalten und ihre Entscheidungen auf andere Menschen haben. Sie beziehen in ihre Überlegungen auch die möglichen Wirkungen ihrer Aktionen auf die Natur und zukünftige Situationen mit ein.

> Macht bedeutet für weibliche Führungskräfte die Übernahme von Verantwortung und die Befugnis, Einfluss zu nehmen, Entscheidungen zu treffen und Veränderungen in die Wege zu leiten. Ihr Verantwortungsbewusstsein zeichnet Frauen aus und prädestiniert sie für Managementaufgaben in komplexen Systemen.

Freiheit beinhaltet neben der Verantwortung für das individuelle Handeln auch die Verantwortlichkeit für die eigene Person. Die Menschen der Moderne sind für sich selbst verantwortlich, da sie ihr Schicksal bis zu einem gewissen Maß selbst bestimmen können und nicht mehr von fremden Mächten abhängig sind. Mit der Verweltlichung haben die Menschen sich vom mächtigen Einfluss der Kirche befreit. Mit der Einführung der Demokratie haben sie sich von Königen und Diktatoren emanzipiert und persönliche Wahlrechte und Selbstbestimmung erhalten. Erst seit den frühen siebziger Jahren jedoch konnten sich die Frauen nach und nach von der männlichen Vorherrschaft emanzipieren und ihr Leben in die eigenen Hände nehmen. Für Frauen ist die Erfahrung von Selbstbestimmtheit und Selbstverantwortlichkeit noch nicht so selbstverständlich wie für Männer; zu lange waren sie Objekte und Opfer.

Noch immer scheinen manche Frauen nicht recht an ihre Freiheit glauben zu können. Sie meinen sich der Zustimmung anderer versichern zu müssen, anstatt ihre selbstverständlichen Rechte selbstbewusst einzufordern. Sie tendieren dazu, andere für ihre Situation und ihr Befinden verantwortlich zu machen und erwarten, dass Rücksicht auf sie genommen wird – so wie sie umgekehrt gewohnt sind, Rücksicht auf andere zu nehmen. Wenn Frauen eher die Verantwortung für andere übernehmen als für sich selber, liegt das auch an der traditionellen weiblichen Familienorientierung. Die Sorge für andere stand lange Zeit an erster Stelle im Leben von Frauen. Sie waren gewohnt, ihren Teil der Verantwortung für das Wohlergehen der Familie zu übernehmen. Für sich selbst zu sorgen war zweitrangig, das eigene Wohlergehen nicht das Ziel. Persönliche Bedürfnisse mussten zurückgestellt werden, denn das Gemeinwohl stand an erster Stelle.

Im familiären Leben hat sich diese Form des Umgangs mehr oder weniger bewährt. Im Beruf allerdings gelten bislang andere Regeln und Werte – auch wenn sich zukünftig einiges daran ändern könnte. Frauen können nicht damit rechnen, dass das Gesetz von Geben und Nehmen gilt, wie sie es aus dem Privaten kennen. Im beruflichen Alltag müssen Frauen, um Karriere zu machen, ihre Person in den Mittelpunkt stellen und sich für die Erfüllung ihrer Ziele verantwortlich fühlen. Da manche Frauen nicht ausreichend gelernt haben, selbst für ihr Wohlbefinden zu sorgen und sich für ihren Erfolg einzusetzen, sehen sie sich unbewusst als Opfer männlicher Willkür. Mit dieser Opferhaltung kommen sie allerdings nicht weiter, denn im Sinne der sich-selbst-erfüllenden Vorhersagen wird zum Opfer, wer sich als Opfer sieht. Indem Frauen selbstverantwortliches karriereorientiertes Handeln vermeiden, lassen sie zu, dass andere über ihren beruflichen Erfolg bestimmen. Die tatkräftige Eigenverantwortung, die Entscheidungsfreude und das Verantwortungsbewusstsein, mit dem Frauen im Privatbereich überzeugen, müssen im Beruf ebenfalls umgesetzt werden.

Persönliche Verantwortlichkeit bezieht sich auf verschiedene Bereiche. Sie drückt sich in folgenden Haltungen aus:

- «Ich bin verantwortlich für die Auswirkungen meines Handelns.»
  Frauen überdenken die Konsequenzen ihres Verhaltens. Sie erkennen ihren Anteil an einer Situation, an einem Problem und an ihrem Erfolg. Sie übernehmen die Schuld an Missgeschicken, die sie verursacht haben, und sind andererseits Stolz auf Leistungen, die sie erbracht haben.
- «Ich bin für mein Wohlbefinden verantwortlich. Ich sorge für mich, weil ich möchte, dass es mir gut geht.»
  Frauen sind verantwortlich für ihr persönliches Wohlbefinden am Arbeitsplatz. Sie nehmen ihre eigenen Bedürfnisse wahr und äußern diese. Sie

warten nicht darauf, dass sie andere erraten und erfüllen. Statt leise zu schimpfen, zu klagen, zu dulden, Situationen auszuhalten und zu leiden, leiten sie Veränderungen in die Wege.

- «Ich bin verantwortlich für das Erreichen meiner Ziele. Ich äußere meine Erwartungen und vertrete meine Interessen.»
  Frauen nehmen ihre Karriere in die Hand und setzen sich für die Erfüllung ihrer beruflichen Träume ein. Sie geben keinem anderen, nicht dem Schicksal und nicht den Umständen die Schuld.

Wer gemäß dieser persönlichen Grundsätze sein Recht, sich für sich selbst einzusetzen in Anspruch nimmt, ohne seine Pflichten gegenüber der Umwelt auszusparen, gewinnt nicht nur berufliche Vorteile, sondern persönliche Glaubwürdigkeit und Autorität.

2.1.2 Was ist Autorität?

Verantwortungsbewusstsein gegenüber sich selbst, seinem Handeln und gegenüber anderen Menschen ist eine Säule beruflichen Erfolges. Erst auf der Grundlage dieser Verantwortlichkeit kann sich jene Eigenschaft entwickeln, die in Managementkreisen einerseits als unerlässliche Eigenschaft von Führungspersönlichkeiten heiß gehandelt, andererseits aber wenig thematisiert wird. «Autorität» ist ein schwieriger und mehrdeutiger Begriff. Das Verständnis dessen, was Autorität ist, ist oft von problematischen persönlichen Erfahrungen durchsetzt, die einen gelassenen Umgang mit dem Phänomen erschweren.

Es lassen sich verschiedene Formen von Autorität unterscheiden, die sich allerdings vielfach überschneiden:

a) Ist jemand eine Koryphäe auf seinem Gebiet, so bedeutet das, dass er überaus kompetent und fachkundig ist – eine «Fachautorität» also.

b) Bekommt ein Vorgesetzter durch die Übernahme einer gehobenen Position die Möglichkeit zu sanktionieren, so spricht man von «Amtsautorität». Es wird angenommen, dass seine Anweisungen unverzüglich und ohne Diskussion befolgt werden – alleine seine Anwesenheit setzt seine Mitarbeiterinnen und Mitarbeiter unter einen bestimmten Leistungsdruck.

c) Man spricht von «persönlicher Autorität», wenn man einen bestimmten Charakterzug umschreiben will. Menschen mit persönlicher Autorität gewinnen durch ihr Wesen und ihre Ausstrahlung.

Erfolgreiche Führungspersönlichkeiten üben ihre Aufgabe mit positiver Autorität aus. Sie verkörpern alle drei genannten Komponenten der Autorität, allerdings in unterschiedlicher Gewichtung. Fachautorität müssen sie sein, damit sie fachkundige Entscheidungen und sachgerechte Urteile fällen können. Amtsautorität haben sie aufgrund ihrer Stellung, brauchen sie aber kaum einzusetzen, weil sie über ein hohes Maß an persönlicher Autorität verfügen. Wer persönliche Autorität besitzt, muss nicht autoritär führen. Autoritäre Führung würde langfristig Ausweichmanöver und subtile Widerstände hervorrufen. In diesem Arbeitsklima werden Fehler unter hohem Energieaufwand vertuscht, um eventuelle negative Sanktionen zu vermeiden.

Das Gefühl von Vertrauen und der Mut zu Ehrlichkeit kann sich nur einstellen, wo mit positiver Autorität geführt wird. Eine vertrauensvolle Atmosphäre ist wiederum die Vorraussetzung für motivierte Mitarbeiterinnen und Mitarbeiter. Da Frauen die Sprache der Gefühle beherrschen und auf andere eingehen können, schaffen es weibliche Führungskräfte leichter, Menschen für sich zu gewinnen und zu selbständigem Handeln anzuregen – natürlich nur unter der Voraussetzung, dass sie auch fachlich überzeugen können.

> Während Männer mehr auf ihren Verstand setzen, führen Frauen eher mit der «Vernunft des Herzens» und damit ganzheitlich. Die aktuelle Diskussion um die «Emotionale Intelligenz» beweist die Notwendigkeit integrativen Führens, welches einem permanenten Wechselspiel zwischen Vernunft und Gefühl entspricht.

Wenn Denken und Fühlen zusammengehen, dann werden sich auch individuelles Handeln und Reden decken. Diese Kongruenz ist ein wichtiger Aspekt positiver Autorität. Authentizität vermittelt Sicherheit, wodurch eigenständiges Arbeiten und Mitdenken angeregt wird. Authentische Führungskräfte können mit ihrer Person überzeugen und brauchen keine Führungsmittel wie Verweise oder Beförderungen, um ihre Anordnungen durchzusetzen.

Allerdings wird sich nur derjenige ohne den Gebrauch von Machtmitteln dauerhaft durchsetzen, der nicht nur sicher auftritt, sondern sich seiner selbst auch sicher ist. Authentizität bedeutet also auch Selbstsicherheit. Selbstsicherheit umfasst Selbstbewusstsein; das schließt das Wissen ein, wer man ist und was man kann . Hinzu kommt ein Gefühl für den eigenen Wert und die Achtung vor der eigenen Person, welche zusammengefasst das Selbstwertgefühl ausmachen.

Die eigene Person zu kennen und zu schätzen, ermöglicht ein stabiles inneres Gleichgewicht zwischen den verschiedenen Persönlichkeitskomponenten und vermittelt Sicherheit. «Selbstsicherheit» muss sich nicht in triumphalen

Auftritten und rigorosem Verhalten äußern. Wer aber Ansehen und Einfluss gewinnen möchte, muss seine Sicherheit nach außen tragen, anstatt sich zu verstecken.

2.1.3 Tiefstapeln oder Auftrumpfen

Wenn Frauen sich im Berufsleben auf ihre Selbstverantwortung besinnen und sich für ihre Interessen einsetzen, dann werden sie in Situationen kommen, wo sie sich nach außen darstellen müssen. Nur wer auf sich aufmerksam macht, kann damit rechnen, gesehen zu werden – lediglich darauf zu hoffen, dass ein kluger Kopf das eigene Talent in der Masse erkennt, kann dazu führen, dass man bis zum Nimmerleinstag auf die Entdeckung wartet.

Vielen Frauen fällt es schwer, sich in den Mittelpunkt zu stellen und mit ihren Leistungen, ihren Erfahrungen und den Erfolgen aus der Vergangenheit für sich zu werben. Sie neigen eher dazu, ihre eigene Person hinter die Sache zu stellen, anstatt selbst im Licht zu glänzen. Dies mag sympathisch sein, konstruktiv in der Gruppe und damit positiv für die Arbeit, aber gleichzeitig erschwert es den Aufstieg. Eine Führungspersönlichkeit sollte zwar die weiblichen Qualitäten einer Teamspielerin besitzen, denn wenn sie sich gut in ein Team einfügen kann, fällt es ihr leichter, die Dynamik einer Gruppe zu erkennen, sie zu steuern und zu nutzen. Irgendwann jedoch muss sie aus der Gruppe heraustreten, sonst bleibt sie eine von vielen.

Wie Frauen ihre Leistungen im Gespräch abschwächen und sich selbst kleiner machen als sie sind, wird deutlich in den folgenden «Formen des Tiefstapelns» (vgl. Berckhan 1997):

- Die eigenen Fähigkeiten und Stärken werden von Frauen bewusst neutral und ohne positive Wertung geschildert.
  Sie sagt: «Ich habe zehn Jahre in diesem Fachgebiet gearbeitet.»
  Es fehlt: «Ich habe viel Erfahrung und kann das gut.»
- Eigene Erfolge, die das Ergebnis sorgfältiger Planung und persönlicher Kompetenz sind, werden von den Frauen selbst als zufälliges Glück dargestellt.
  Sie sagt: «Da hatte ich das Glück, zufällig den richtigen Riecher gehabt zu haben und habe dann den Auftrag bekommen.»
  Es fehlt: «Meine Idee war gut und hat die anderen überzeugt.»
- Gute Ergebnisse werden von den Frauen durch eine Verneinung ausgedrückt.
  Sie sagt: «Ich habe bei diesem Projekt nicht auf der faulen Haut gelegen.»
  Es fehlt: «Ich habe mich sehr für den Erfolg des Projektes eingesetzt.»

- Eigenes Können wird von Frauen durch Formulierungen häufig abgeschwächt und relativiert.
  Sie sagt: «Ich glaube, ich kann manchmal ganz gut organisieren.»
  Es fehlt: «Ich kann gut organisieren.»
- Die Wirkung positiver Selbstdarstellung wird von Frauen häufig durch ihre Körpersprache vermindert.
  Beispiel: Bei wichtigen Aussagen, die eigenen Leistungen betreffend, schauen Frauen häufig auf den Boden oder in die Luft, zucken fragend mit den Schultern, neigen den Kopf zur Seite oder setzen ein verlegenes Lächeln auf.
  Besser: Den Gesprächspartner fest ansehen, in aufrechter Haltung und mit fester Stimme die eigenen Erfolge schildern.

2.1.4 Körpersprache als Signal

Wenn Menschen sich in irgendeiner Form verhalten, in der Umwelt agieren und mit anderen kommunizieren, so machen sie dies über ihren Körper. Er meldet über die Sinnesorgane, was in der Umgebung geschieht, er bewegt sich und setzt die Absichten einer Person um. Allerdings führt er auch ein Eigenleben! Dann nämlich, wenn Verhaltensweisen nicht mit den Gefühlen und Gedanken übereinstimmen, meldet er sich – spürbar und sichtbar.

a) Magenschmerzen, Augenflimmern, Schwindel, Herzrasen sind sozusagen seine «privaten» Zeichen. Sie richten sich an das Individuum persönlich und sind im allgemeinen für andere nicht erkennbar.

b) Händezittern, Erröten oder das Blinzeln mit den Augen sind «öffentliche Zeichen», nämlich sichtbare, von anderen wahrnehmbare Hinweise auf mögliche Unstimmigkeiten in der Person.

c) Zusätzlich beherrscht der Körper noch eine «Geheimsprache», die zu deuten weder der Person selbst noch ihrem Gegenüber immer leicht fällt. Die gesamte Körperhaltung ist unbewusstes Signal für die individuelle Befindlichkeit, die Bewegungen der Hände sprechen mit dem Gegenüber, die Stellung der Beine hat Bedeutung im Kontakt mit anderen. Körpersprache ist die intimste Form der Verständigung und macht das Innere nach außen sichtbar.

Der Körper ist näher an der Seele als es Gedanken sein können. Diese Tatsache hat ihre Wurzeln schon im frühesten Kindesalter. Als das Empfinden noch nicht in Worte gefasst werden und noch keine abstrakten Gedanken formuliert werden konnten, war der Körper schon da. Er zeigte Signale des Wohlbehagens ebenso wie Signale der Angst und sorgte mit seinen Äußerungen (z. B. Abwenden des Gesichtes, Verziehen des Mundes, Aufbäumen des Körpers) dafür, dass die wichtigsten Bezugspersonen des Säuglings auf seine Gefühle reagieren konnten.

Die erste Form der Kommunikation ist eine körperliche. Wenn mit den Jahren die Worte im zwischenmenschlichen Kontakt immer wichtiger werden, rückt der Körper mit seinen bewussten und unbewussten Ausdrucksmöglichkeiten zunehmend in den Hintergrund. Seine Beredsamkeit allerdings verliert er dennoch nicht. Er drückt weiterhin Wohlbefinden und Unbehagen aus, spiegelt das innere Gefühl von Selbstsicherheit genauso nach außen wie das Empfinden von Unsicherheit.

Egal wie sehr Menschen auch versuchen, sich neue Verhaltensweisen anzutrainieren, ihr Körper wird nach außen zeigen, wie sie sich wirklich fühlen und zu einer Person oder einer Situation stehen. Damit das Äußere mit dem Inneren eines Menschen deckungsgleich ist, ist eine grundlegende Forderung der Führungskräfteausbildung, dass zum Zwecke einer beabsichtigte Verhaltensänderung (z. B. im Konfliktverhalten) immer eine Reflexion der eigenen Person stattfinden muss (z. B. die persönliche Erfahrung mit Konflikten). Um mit Persönlichkeit zu führen, muss die Persönlichkeit auch thematisiert und müssen die Motive für bestimmte Verhaltensautomatismen bewusstgemacht werden.

Beim Studium einschlägiger Beratungsliteratur und bei der Sichtung von Weiterbildungsprogrammen trifft man vereinzelt auf Ratgeber und Seminarangebote, die darauf abzielen, Techniken zu vermitteln. Techniken können leicht erlernt und in nachvollziehbaren Schritten gelehrt werden. Die Vermittlung und die Umsetzung dieser Techniken folgt dem kausalen Prinzip – dem Prinzip von Ursache und Wirkung. Der Grundsatz für Führungstechniken lautet: «Wenn ich diese Technik anwende, dann werde ich mein Ziel erreichen».

Ganz so einfach, wie man sich wünschen würde, ist es aber leider nicht. Jede Person ist für sich ein komplexes System, dessen einzelne Elemente (Bedürfnisse, Vorlieben, Erfahrungen, Ängste, Gedanken etc.) in einem ständigen Austauschprozess stehen und sich wechselseitig beeinflussen. Wenn eine Person nun mit einer anderen Person zu tun hat, dann trifft ihr Persönlichkeitssystem auf das Persönlichkeitssystem der anderen. Zwischen beiden werden vielfältige Wechselwirkungsprozesse ablaufen. Um das Ganze weiter zu komplizieren, ist das Unternehmen, für das beide arbeiten, ebenfalls ein System, das seinerseits komplexe Beziehungen mit anderen Systemen unterhält, z. B. mit anderen Betrieben, mit der Umwelt, mit dem Staat und so weiter und so fort. Wir wollen hier nicht so weit gehen, eine Analyse aller die Menschen umgebenden Systeme zu betreiben. Es sollte nur angerissen werden, dass es zu kurz greift, wenn man davon ausgeht, das Drehen an einem Rädchen wirke nur auf das nachfolgende Rädchen – und dies noch in vorhersagbarer Weise.

> Persönlichkeiten sind komplexe Systeme. Erlernte Techniken der äußerlich sichtbaren Verhaltensebene können somit auch auf tiefere, verborgene Schichten der Persönlichkeit wirken: auf ihr Erleben der Situation und ihr Selbstverständnis. Wenn dies geschieht, dann werden die Techniken dauerhafte Erfolge ermöglichen, da Fühlen, Denken und Handeln eins sind. Bleibt es aber bei der bloßen Anwendung, so bleiben Führungstechniken lediglich an der Oberfläche und werden auch nur oberflächlich wirken.

Damit das Äußere des Körpers mit dem Inneren übereinstimmen kann, muss die Person mit ihren Besonderheiten ins Blickfeld kommen. Das Bewusstsein der eigenen Motive und die Kenntnis persönlicher Reaktionsweisen sind darüber hinaus auch Grundlage dafür, dass wir uns den Erfordernissen von Aufgaben und Situationen stellen können und gegebenenfalls in der Lage sind, persönliche Impulse zurückzuhalten, um berufliche Ziele zu verwirklichen.

2.2 Nach innen schauen und nach außen wirken

2.2.1 Wie sehe ich mich? Wie begegnet mir die Welt?

Im Vorhergehenden wurde dargestellt, wie stark das Innenleben einer Person ihre Außenwirkung bestimmt. Das was Menschen von sich nach außen tragen, ist quasi ein Spiegelbild dessen, wie sie sich selbst sehen. Um im Beruf erfolgreich zu sein und um in einer Tätigkeit persönliche Befriedigung erfahren zu können, ist es ratsam, regelmäßig innezuhalten und nach innen zu schauen. Mögliche Probleme mit anderen Menschen und wiederkehrende Schwierigkeiten im Beruf können durch die Betrachtung des eigenen Selbstbildes verstanden werden. Wie Menschen sich selbst sehen, bestimmt auch ihre Haltung zu den Dingen und den Menschen der Welt, die sie umgeben. Viele Unstimmigkeiten können sich auflösen, wenn sich die Haltung zur eigenen Person verändert.

Was ist unter dem Begriff «Selbstbild» zu verstehen? Was beinhaltet ein so beschriebenes Bild der eigenen Person? Kurz gesagt: es umfasst alle Gedanken und Gefühle, die ein Mensch über sich selbst hat. Einige davon sind dem Individuum bewusst und andere sind verborgen. Sie können positiv oder negativ sein und stammen aus Erfahrungen, die im Laufe des bisherigen Lebens gemacht wurden oder aus Botschaften von anderen, die in die Einschätzung der eigenen Person übernommen wurden. Die selbstbezogenen Gedanken und Gefühle sind die Motoren des Verhaltens und bestimmen die Aktionen und die Wirkung einer Person.

Alle Menschen hören in ihrer Kindheit von ihren Eltern und Erziehern Sätze, die beginnen mit «Du bist … (dumm, schön, unmusikalisch, wie Dein Vater etc.)» oder «Du kannst … (gut rechnen, nicht nachgeben, schlecht zuhören etc.)». Diese Botschaften werden möglicherweise verstärkt durch Erlebnisse, die das Gesagte scheinbar bestätigen. Die Folge ist, dass sie ver-innerlicht werden und sich in der Psyche der Person festsetzen. Sie bleiben quasi wie ein Etikett an der Person kleben und steuern als innere Überzeu-gungen deren Verhalten. Im negativen Fall übernehmen diese Überzeugungen die Funktion eines inneren Kritikers, der alles was die Person tut, über-wacht und kontrolliert, ihre Entscheidungen missbilligt und ihre Leistungen bemäkelt. Die innere Kritikerstimme schränkt das Leben ein und behindert den beruflichen Erfolg.

Sie können positiven Einfluss auf Ihr persönliches Selbstbild nehmen. Dies setzt voraus, dass Sie sich möglicher negativer Selbstaussagen und Selbst-gefühle bewusst werden.

Welche negativen Sätze sage ich immer wieder zu mir selbst?

_____

_____

_____

_____

Wie wirken diese abwertenden Aussagen auf meine Gefühle und auf meine Handlungen?

_____

_____

_____

Viele der Hürden, die im Kopf von Frauen wirken, haben ihren Ursprung in deren Kindheit. Trotz aller gesellschaftlicher Wandlungsprozesse, trotz Frauenbewegung und trotz jahrzehntelangen Bemühens um Chancengleich-heit erfahren die meisten Mädchen auch heute noch wenig Unterstützung, wenn sie ehrgeizige Pläne und Freude an ihrer Leistung haben oder sich gerne mit anderen messen. Sie werden früh entmutigt und eingeschüchtert. Irgendwann trauen sich die Mädchen selbst nichts mehr zu und sind damit auf dem besten Weg, sich in die weibliche Kultur einzugliedern. Starke, unabhängige Frauen vertragen sich nicht mit dieser traditionellen Kultur, die die männliche Forderung nach weiblicher Anpassung und Unterordnung erfüllt.

Die eigene Selbstsicht zu betrachten, bedeutet, die Beweggründe für sein Verhalten zu erkennen – und Selbsterkenntnis ist bekanntlich der erste Weg zur Besserung. Nur wenn die selbstgesteuerten Verunsicherungsprozesse ins Bewusstsein kommen, können sie gestoppt werden. Die kritischen Negativaussagen haben nämlich wie alle persönlichen Überzeugungen die Tendenz, sich immer wieder zu bestätigen. Wer mit dem Gedanken «Ich mache sowieso wieder alles falsch» an ein neues Projekt geht, wird tatsächlich scheitern, weil er seine ganze Energie in diese Richtung lenken wird.

> Negativsätze sind permanente Wiederholungen alter Denkmuster und Botschaften aus der Kindheit, die nichts über die aktuelle Wirklichkeit aussagen. Wichtig ist, nicht aus den Augen zu verlieren, dass jeder Mensch seine inneren Bilder und Vorstellungen selbst erzeugt.

Die Verarbeitung von Erlebtem und Gehörtem ist nie abgeschlossen und führt dazu, dass Gedanken und Gefühle über das eigene Ich sich verändern können. Dieser Veränderungsprozess kann bis zu einem gewissen Grad gesteuert werden. Mutlosigkeit und das Gefühl persönlicher Minderwertigkeit sind kein Schicksal.

Menschen können ihre persönliche Wirklichkeit über ihre Gedanken und Gefühle manipulieren. Auf die gleiche Art, wie destruktive Vorhersagen sich erfüllen können, ist es möglich, mit konstruktiven Vorannahmen das Erreichen seiner Ziele und die Verwirklichung von Wünschen zu fördern. Zuversicht und Gelassenheit geben den Rahmen für eine positive Weltsicht. Sie drücken Haltungen aus, die Frauen davor bewahren können, sich als Opfer der Umstände und des Schicksals zu erleben und sorgen dafür, dass Frauen sich über ihre Gedanken positiv einstellen können, statt sich selbst zu entmutigen, sich zu unterschätzen und sich dadurch letztendlich selbst zu schaden. Ein positives Selbstbild ist die zweite Grundlage für persönliche Zufriedenheit und beruflichen Erfolg. Statt die eigene Selbstsicherheit durch negative Selbstzuschreibungen fortwährend zu untergraben, muss aktiv ein seelisches Fundament errichtet werden, auf dem sich ein realistisches Selbstwertgefühl aufbauen kann. Das zunächst negative Selbstbild muss sich langsam in ein positives Selbstbild verwandeln.

Die innere Kritikerstimme verliert ihre Macht, wenn eine Person beginnt, sich zu schätzen und so anzunehmen, wie sie ist. Es wird dann möglich, zu sagen, was man denkt, seine Interessen offen zu vertreten und freimütig seine Gefühle zu äußern. Selbstverständlich darf eine Person auch zweifeln, Ängste haben oder Fehler machen – die verschiedenen Facetten runden nur das Bild der in sich stimmigen Persönlichkeit ab.

2.2.2 Wege über selbstgesetzte Hürden

Neben der Kritikerstimme stammen aus den frühen Botschaften der Kinderzeit auch Überzeugungen, die wie Befehle an die eigene Person klingen und als innere Antreiber deren Verhalten bestimmen. Mit «Ich muss…» oder «Ich darf nicht…» beginnen jene Glaubenssätze, die viele Frauen im Laufe ihres Lebens verinnerlicht haben und die verhindern können, dass sich die Frauen über ihre Erfolge freuen, berufliche Gelegenheiten nutzen oder neue Herausforderungen mutig annehmen.

Die Überprüfung der problematischen Antreiber ist wichtig, da sie in bestimmten Phasen des beruflichen Werdeganges als Hindernisse wirken können.

> Manchmal sind es gerade jene Verhaltensweisen und Eigenschaften von Frauen, die sie als Führungskraft besonders auszeichnen würden, die ihnen im Verlauf ihrer beruflichen Laufbahn den Aufstieg erschweren. Es gilt also, ein ausgewogenes Verhältnis zu schaffen zwischen weiblichen Qualitäten, die Frauen zu besonders geeigneten und erfolgreichen Führungspersönlichkeiten machen und Verhaltensmustern, die sich in manchen Fällen als Hindernisse auf dem Weg nach oben erweisen.

Frauen bekommen lediglich im Falle von Existenzgründungen – wenn sie sich also selbst zur Chefin machen – die Chance, sofort leitende Funktionen auszuüben; alle anderen Managementkarrieren beginnen in mehr oder weniger untergeordneten Positionen. Die Anwärterinnen für den Aufstieg müssen auf jeder Stufe mit Leistung überzeugen, sich auch in schwierigen Situationen bewähren und sich gegen Konkurrenten durchsetzen. Weiblichkeit um jeden Preis stärkt den männlichen Status und könnte bei den gegenwärtigen äußeren Bedingungen des Wirtschaftslebens dazu führen, dass Frauen niemals an die Spitze kommen und nie zeigen können, was in ihnen steckt. Erst eine wachsende Anzahl von bewussten und verantwortlichen Frauen, die den Aufstieg geschafft haben, ermöglichen über ihren Einfluss auf die Führungskultur, dass die weibliche Art, eine Führungsaufgabe zu erfüllen, nicht Karrierechancen verbaut, sondern neue Wege aufzeigt, die nicht nur als konstruktiv akzeptiert, sondern auch allgemein gefordert werden.

Im folgenden sollen einige der Hürden vorgestellt werden, die dem weiblichen Rollenstereotyp entsprechen, sich auf den beruflichen Aufstieg aber kontraproduktiv auswirken können. Zugleich werden Wege aus dem Dilemma aufgezeigt. Frauen, die das Potential zur Führungskraft besitzen, sollen alle Energie für den Weg nach oben einsetzen können, ohne sich im Alltag aufzureiben, ohne sich zu verzetteln und ohne ihr Talent zu verschenken – und dennoch müssen sie ihre weiblichen Anteile leben dürfen. Die Darstellung der Zusammenhänge und die Auseinandersetzung mit typisch weiblichen Verhaltensmustern darf nicht dazu führen, dass diese als Feinde betrachtet und bekämpft werden. Sie soll vielmehr helfen, über diese hinauszuwachsen, wo es notwendig erscheint, und sie zu pflegen, wo es der Person gefällt.

«Schwächen» als Freunde zu betrachten, kann wertvolle Hinweise darüber geben, was es noch zu lernen gilt.

Es ist weder wünschenswert noch praktikabel, die weiblichen Rollenmuster einfach abzulegen. Sie sind schließlich Bestandteile der Persönlichkeit. Sie ins Gegenteil zu verkehren, würde bedeuten, sich an einem überholten Männlichkeitsideal zu orientieren, das heute bereits von vielen Männern hinterfragt wird. Die Kombination von integrierenden «weiblichen» Eigenschaften und zielorientiertem, durchsetzungsstarkem Selbstbewusstsein wäre ein Ziel, das nicht nur für Frauen Vorteile brächte.

Anspruchshürde: «Ich bin perfekt»

Ein wesentliches Aufstiegserschwernis ist – auch wenn es paradox klingt – der weibliche Hang zum Perfektionismus. Vielen Frauen reicht es nicht, in ihrem Beruf «gut genug» zu sein sie wollen ihr Bestes geben und hinterfragen sich und ihren Erfolg wieder und wieder. Während viele Männer – nach dem Motto «Mehr Schein als Sein» – darauf vertrauen, dass man ihre Arbeit würdigt, wenn sie nur im rechten Licht präsentiert wird, geben sich Frauen damit im allgemeinen nicht zufrieden. Sie sind pflichtbewusst bis an den Rand der Leistungsfähigkeit und sorgfältig bis zur Pedanterie. Kaum eine Frau, die nicht meint, dass man eine bereits erledigte Aufgabe nicht noch einen Tick besser hätte machen können, und die sich wirklich zufrieden gibt mit ihrem Ergebnis. Immer wieder zweifeln sie, ob sie wirklich gut genug in ihrem Job sind und den Anforderungen genügen. Über ihre Erfolge können sie sich häufig nicht freuen. Frauen mit einer solchen Haltung äußern damit einerseits ihren Ehrgeiz und werden dauerhaft Bereitschaft zeigen, sich weiterzubilden, um noch besser zu werden. Andererseits machen sie sich damit das Leben schwer, da sie sich unter hohen Leistungs- und Beweisdruck stellen, Chancen möglicherweise nicht ergreifen und Reibungsverluste haben, die Männer so nicht kennen.

Beispiel:

Frau A. ist Assistentin eines Abteilungsleiters in einem Elektrounternehmen und eine sehr sorgfältige und zuverlässige Kraft. Sie will alles perfekt machen und erlaubt sich keine Fehler. Lieber geht sie ihre eigenen Arbeiten noch zweimal durch bevor sie nicht hundertprozentig damit zufrieden ist. Sie hat bestimmte Vorstellungen davon, wie eine Aufgabe erledigt werden soll und glaubt, dass niemand sonst es so gut und so schnell erledigen kann wie sie selbst. Aus diesem Grund verlässt sie sich nicht auf andere, kontrolliert deren Arbeit und macht es im Zweifelsfall lieber selbst. Wenn sie nicht völlig davon überzeugt ist, dass sie ein neues Aufgabengebiet erfolgreich bewältigen kann, sondern gewisse Risiken und Unklarheiten sieht, lehnt sie die Aufgabe ab. Sie hat mit ihren alltäglichen Pflichten eh' schon genug zu tun. Trotz vieler Überstunden spürt sie immer Zeitdruck und kommt doch nur dazu, das aus ihrer Sicht Nötigste zu erledigen.

Der eigene Perfektionsanspruch kann Frauen davon abhalten, neue Methoden auszuprobieren und die ausgetretenen Pfade zu verlassen. Aus übermäßigem Pflichtbewusstsein und Verantwortungsgefühl erwächst das Gefühl der eigenen Zuständigkeit für alles und jeden. Dies bewirkt eine Scheu vor dem Risiko, das die Führungskraft eingeht, wenn sie Aufgaben aus der Hand gibt und Tätigkeiten an andere delegiert.

Viele Frauen neigen dazu, sich völlig mit ihrer Arbeit zu identifizieren. Diese Tendenz ist ein besonderes Plus, weil sie Einsatzbereitschaft und hohes Verantwortungsbewusstsein garantiert. Die Identifikation mit der eigenen Tätigkeit kann allerdings dann zum Problem werden, wenn die beruflichen Erfolge den Wert der eigenen Person als Mensch bestimmen. Ist der Selbstwert in dieser Weise an den Berufserfolg gekoppelt, können schon kleine Fehlleistungen dazu führen, diesen auf Null sinken zu lassen. Es muss insofern als Selbstschutz gesehen werden, wenn diese Frauen Angst vor Misserfolg haben und den Anschein der perfekten, unendlich belastbaren und immer freundlichen Mitarbeiterin bewahren wollen.

Der Versuch, den eigenen Selbstwert zu halten, verringert allerdings den Marktwert. Durch überhöhte Ansprüche an die eigene Person begibt man sich in einen Teufelskreis von Erwartungsdruck, Versagensangst und Leistungsblockade. Statt zu einwandfreier Pflichterfüllung und grandiosen Erfolgen kann der Wahn, immer perfekt sein zu müssen, irgendwann zu Lähmung, Antriebsschwäche, zu Verzögerungen und damit zu Unzufriedenheit und Selbstbeschimpfung führen.

Der Weg: Gelassenheit statt Perfektion

Das Gefühl allumfassender Zuständigkeit von Frauen und der eigene Perfektionsanspruch bindet viele Energien, die männliche Mitbewerber für den Aufstieg frei zur Verfügung haben. Zusätzlich kann der selbsterzeugte Druck auch die körperliche und seelische Verfassung des weiblichen Führungsnachwuchses belasten, so dass es möglich ist, dass sich diese irgendwann gegen eine Karriere und für ihre Gesundheit entscheiden – wenn nicht sowieso der Körper streikt und den weiteren Aufstieg ausbremst.

Gesünder und langfristig für die Karriere förderlicher wäre eine Haltung, die erlaubt, sicher an die eigene Stärke zu glauben und zuversichtlich Neues zu wagen. Diese Form von Gelassenheit, die keinesfalls gleichzusetzen ist mit Nachlässigkeit, kann dem Bremsblock Perfektionismus viel von seinem Gewicht nehmen. Gelassenheit ist eine fast vergessene Tugend. Sie setzt voraus, dass Menschen sich ihrer selbst sicher sind und ihren Wert kennen und ist ihrerseits die Voraussetzung dafür, dass Menschen weitgehend angstfrei agieren können. Neue Aufgaben werden dann als Herausforderung gesehen und als Chance erkannt. Den Wunsch, in einer Sache wirklich erfolgreich sein zu wollen, und die Angst zu versagen kennt wohl jeder – den Unterschied macht die Art und Weise, wie jemand mit ungewohnten oder bedrohlichen Anforderungen umgeht. Male ich die Situation in den düstersten Farben und gehe vom schlimmsten Falle aus, werden daraus Lähmung und Handlungsunfähigkeit erwachsen. Statt die Energie auf das Vorhaben zu lenken, kreisen die Gedanken um den möglichen Misserfolg und behindern die Konzentration auf das Gelingen. Die Gefahr Fehler zu machen wächst mit der Angst vor Fehlern. Ausschlaggebend ist also die Haltung zu eigenen Fehlern: Man muss unterscheiden, zwischen Pannen und kleineren Fehlern, die problemlos ausgebügelt werden können oder sich selbst auflösen, und solchen Fehlern, die spürbare Konsequenzen für das Unternehmen, für die Gruppe oder für die eigene Person haben. Dann gilt es, sich umgehend mit den Beteiligen bzw. mit den Zuständigen in Verbindung zu setzen und nicht im Alleingang zu versuchen, den Fehler zu vertuschen. Verantwortung zu übernehmen, ohne sich als «dumme Liese» zu präsentieren, ist dabei die Kunst. Das offene Eingeständnis eines fachlichen Versehens wird hoch angerechnet und die Glaubwürdigkeit bleibt erhalten. Wer sich außerdem für die Bewältigung des durch ihn entstandenen Problems einsetzt und weiter zur Verfügung steht, kann sich der Achtung seiner Kolleginnen und Kollegen sicher sein. Gleichermaßen wichtig ist, sich selbst zu verzeihen und ein Fazit aus dem Geschehenen zu ziehen.

Fehler sind immer ein wertvoller Anlas zur Zwischenanalyse: Was ging schief? Warum? Was hätte anders laufen müssen? Wo liegt mein Anteil und welche Schwäche drückt sich in meinem Fehler aus? Wer auf diese Weise aus seinen Fehlern lernt, ist sicher noch besser als bisher für kommende Herausforderungen gewappnet.

Fleißhürde: «Alles ist wichtig»

Frauen sind gerne aktiv und engagieren sich mit ganzer Kraft für Dinge, die ihnen am Herzen liegen. Ihre große Motivation und Leistungsfreude bezieht sich nicht alleine auf die große Utopie oder die allesüberstrahlende Idee, sondern schließt auch einzelne Tätigkeitsbereiche ein, die anderenorts als Kleinkram und Peanuts abgetan werden. Da sie aufgrund ihrer eigenen Biographie als Mädchen und Frauen mit den alltäglichen Dingen des Haushalts vertraut sind und möglicherweise über eigene Familienerfahrung verfügen, sind sie sich für keine Arbeit zu schade und nehmen auch kleinere Aufgaben ernst.

Einige Frauen am Beginn ihrer beruflichen Laufbahn meinen nun, ständige Betriebsamkeit und Fleiß seien die Garanten für beruflichen Erfolg und das Gefühl persönlicher Zufriedenheit. Zuviel auf einmal tun zu wollen, birgt aber die Gefahr, sich zu verzetteln und am Ende eines Tages festzustellen, dass man zwar viel gearbeitet hat, die wichtigen Dinge aber oft liegengeblieben sind.

Beispiel:

Frau B. lebt nach dem Motto: «Ohne Fleiß kein Preis». Sie geht an alle Aufgaben mit Schwung heran und widmet ihnen gleichviel Konzentration und Zeit. Ihre pausenlose Betriebsamkeit ist für sie der Maßstab für ihre Leistung. Sie beweist damit ihr hohes berufliches Engagement und zeigt, wie belastbar sie ist. Allerdings bleiben neben dem ganzen Verwaltungskram, der sich auf ihrem Schreibtisch häuft, immer wieder Arbeiten liegen, auf die ihr Vorgesetzter besonderen Wert legt. Nach Feierabend ist sie häufig ziemlich frustriert. Völlig ausgepowert will sie nur noch ihre Ruhe haben. Ihre Freunde, ihre Hobbies und die Familie kommen deutlich zu kurz.

Wer sich, ohne die Dinge nach ihrer Wichtigkeit zu ordnen, in seine Arbeit stürzt, merkt häufig erst nach und nach, dass er den erstrebten Aufstieg nicht schafft und im täglichen Kleinkram stecken bleibt, während andere «großzügigere» Geister an ihm vorbeiziehen und sich zum Teil auf seine Kosten profilieren. Durch die ständige Überlastung und das Gefühl, den Horizont nicht mehr sehen zu können, entsteht ein Gefühl der Leere, das mit jedem Berufsjahr stärker wird. Es bleibt weder die Zeit noch die Energie, sich in der Freizeit um andere Lebensinhalte zu kümmern und seine Interessen und Kontakte zu pflegen.

Der Weg: Konzentration statt allumfassender Zuständigkeit und Betriebsamkeit

Erfolgreiche Menschen besitzen die Kompetenz, sich auf das Wichtige zu konzentrieren, indem sie die richtigen Dinge tun, anstatt die Dinge nur richtig zu tun. Wer sich für alles zuständig fühlt, dem fällt es schwer, eine Auswahl zu treffen. Die Angst davor, sich falsch zu entscheiden, ist Bestandteil eines schwach ausgebildeten Selbstwertgefühls und führt dazu, dass Menschen sich gar nicht mehr entscheiden. Nur so meinen sie auf der sicheren Seite zu stehen und sich selbst vor Abwertung und Kritik von außen schützen zu können.

Das Gefühl allumfassender Zuständigkeit geht häufig Hand in Hand mit dem Gefühl, immer fleißig sein zu müssen. Fleiß ist eine «typisch weibliche» Eigenschaft, die bis in die heutige Zeit in der Mädchenerziehung gefordert und belohnt wird. «Faul» zu sein, ist so ziemlich das letzte, was Mädchen sich erlauben dürfen. Es würde bedeuten, sich Zeit für sich selbst zu nehmen, eigenen Bedürfnissen nachzugeben und unnütze Interessen zu verfolgen. Kurz: es wäre egoistisch – und Egoismus passt keinesfalls zum Rollenbild von Frauen.

Ständige Betriebsamkeit und allseitige Zuständigkeit sind Gefühle, die ein Verhalten nach sich ziehen, welches dazu führen kann, dass Frauen in ihren Tätigkeiten untergehen. Sie können darin ersticken und sie werden nicht mehr gesehen. Ein Weg aus dem Sumpf ist die Konzentration auf das Wesentliche der Aufgabenstellung. Dies setzt zunächst eine Differenzierung der Teilaufgaben und der Randbereiche der Tätigkeit voraus und mündet in einer Festlegung von Prioritäten. Entsprechend der Rangfolge der Prioritäten (erstrangige, zweitrangige und nachrangige Aufgaben) wendet man sich dann eine bestimmte Zeit lang jeweils nur einer Aufgabe zu – dies aber konzentriert und zielbewusst. Wenn die Prioritätenanalyse konsequent umgesetzt wird, werden jene Aufgaben, an denen persönlicher Erfolg gemessen wird, nicht mehr unerledigt liegen bleiben. Termine können eingehalten werden und unnötiger Stress kann nicht entstehen. Die Zufriedenheit mit den täglichen Arbeitsabläufen hat zur Folge, dass auch die Zufriedenheit mit der eigenen Person zunimmt. Die Kritikerstimmen werden leiser, wenn die persönliche Wahrnehmung zeigt, dass die Leistung stimmt.

Die wichtigste Voraussetzung, seinen Arbeitstag neu gestalten zu können, ist zu wissen, wo die persönlichen Zeitfresser versteckt sind: Verschaffen Sie sich mit Hilfe eines «Arbeitstagebuchs» einen Überblick über Ihren tagtäglichen Arbeitsablauf. In einem kleinen Heftchen beispielsweise, das auf Ihrem Schreibtisch liegt, halten Sie mindestens eine Woche lang alle Arbeiten fest, die Sie über den Tag hinweg erledigen, und notieren die Zeit, die Sie für die einzelnen Tätigkeiten aufwenden. Nach einer Woche machen Sie Bestandsaufnahme Ihrer Zeitverwendung: Womit bin ich zufrieden? Was könnte besser laufen? Womit verbringe ich die meiste Zeit? Wo treten Störungen im Arbeitsablauf auf? Erledige ich alle Arbeiten, die in meine Zuständigkeit fallen? Nach der ehrlichen Bestandsaufnahme beginnen Sie:

1. Ihren Tag neu zu ordnen: Was möchte ich verändern? Was brauche ich dazu? Mit wem muss ich die Veränderungen absprechen? – und legen
2. täglich Ihre Prioritäten fest, indem Sie die anstehenden Aufgaben klassifizieren in a) sehr wichtige Aufgaben, die nicht delegiert werden können, weil sie zu Ihrem persönlichen Leistungsbereich gehören; in b) wichtige Aufgaben, die teilweise delegierbar sind und in c) weniger wichtige Aufgaben, wie Routine-Tätigkeiten, Verwaltungsarbeiten und anfallender Papierkram. Diese sollten maximal 15 % Ihrer Arbeitszeit in Anspruch nehmen.

Sympathiehürde: «Ich bin nett»

Frauen legen Wert auf gute persönliche Beziehungen. Ihr Potential, eine positive Arbeitsatmosphäre aufzubauen und auch zu erhalten, ist außerordentlich groß und ein wesentlicher Aspekt ihrer Art, andere Menschen zu führen. Vorbedingung einer leistungsfähigen Arbeitsgruppe ist eine harmonische Zusammenarbeit, die unter anderem von den Umgangsformen und dem Umgangston der Gruppenmitglieder untereinander bestimmt wird. Aufgesetzte Freundlichkeit, die nicht wirklich von der Person ausgeht, verliert mit ihrer Glaubwürdigkeit auch ihre harmonisierende Wirkung. Frauen mit Führungsverantwortung können ihre Beziehungsfähigkeit nutzen, um auf ihre Mitarbeiterinnen und Mitarbeiter sensibel eingehen zu können. Unpopuläre Maßnahmen beispielsweise, die durch Sachzwänge begründet sind, müssen von ihr vertreten und an die Frau beziehungsweise an den Mann gebracht werden. Sie können von den Betreffenden weitaus leichter akzeptiert werden, wenn sie auf eine freundliche, anteilnehmende Art und Weise vermittelt werden.

Die entgegenkommende Art von Frauen, mit Menschen umzugehen, birgt im Führungsbereich jedoch die Gefahr, nicht ernst genommen zu werden. Wer Anordnungen mit einem Lächeln, aber ohne Nachdruck ausspricht oder wer Kritik übt und sich dafür entschuldigt, darf sich nicht wundern, wenn er von anderen nicht als Führungspersönlichkeit akzeptiert wird. Freundlichkeit und Verbindlichkeit statt freundlicher Unverbindlichkeit ist die Lösung.

Besonders Frauen, die sich auf einer unteren Stufe der Karriereleiter befinden, meinen, sie müssten sich die Sympathien aller Menschen sichern, indem sie ihnen zu Diensten sind, was immer diese auch an Hilfe und Unterstützung fordern.

Beispiel:

Frau C. will es allen recht machen und niemanden vor den Kopf stoßen. Wenn sie um Hilfe gebeten wird, steht sie gerne mit Rat und Tat zur Verfügung; Anfragen bearbeitet sie immer sofort. Dadurch hat sie das Gefühl gebraucht zu werden und unersetzlich zu sein. Manchmal allerdings, wenn ihr alles zuviel wird und wieder jemand mit einem Problem zu ihr kommt, welches dieser auch selbst lösen könnte, ahnt sie, dass sie von anderen ausgenützt wird. Die Bequemlichkeit der anderen alleine ist aber nicht das, was sie wirklich ärgert. Dass sie für andere gute Lösungsansätze findet und diese ihre Ideen dann als die eigenen verkaufen und dafür gelobt werden – das stinkt ihr inzwischen gewaltig.

Der Wunsch, in einem harmonischen Umfeld arbeiten zu können, beinhaltet auch das Bedürfnis nach persönlicher Wertschätzung. Frauen ist häufig wichtig, nicht nur fachlich anerkannt zu werden; sie wollen nett sein und von den Kolleginnen und Kollegen gemocht werden. Aus Angst, sich Sympathien zu verspielen, neigen sie dazu, sich zu viel aufladen zu lassen und scheuen vor einem klaren «Nein» zurück.

Der Weg: Grenzen setzen statt sich selbst verlieren

Manche Frauen neigen dazu, sich selbst kleiner und andere größer zu machen, als sie in Wirklichkeit sind. Dies führt dazu, dass sie den Kontakt zu diesen Menschen suchen und sich im Alltag deren Sympathien erhalten wollen. Es ist paradox, dass sie sich gerade im Glanze jenes Lichtes sonnen wollen, dessen Strahlkraft sie selbst durch ihre Bewunderung erst möglich gemacht haben. Stattdessen könnten sie doch selbst zu leuchten beginnen. Dies setzt aber voraus, dass sie sich selbst wichtig nehmen.

Wer sich seines eigenen Werts bewusst ist, kann dann auch ertragen, wenn nicht alle mit der eigenen Persönlichkeit zurechtkommen. Nur wer sich selbst nicht mag, ist darauf angewiesen, dass er von anderen gemocht wird. Auf die Sympathiebekundungen seiner Mitmenschen angewiesen zu sein, bedeutet im Arbeitsalltag, gefallen zu müssen – und zwar allen! Jede Bitte zu erfüllen, allen Erwartungen zu entsprechen und niemals jemanden vor den Kopf zu stoßen, ist ein Ding der Unmöglichkeit. Es hieße sich vollends aufzugeben. Nur glatt und gänzlich ohne Kanten ist es möglich, nirgends anzuecken. Der Preis dafür ist, dass man so ganz ohne Profil für andere nicht mehr zu fassen ist und nicht mehr ernst genommen wird.

> Nur wer also sich selbst und seine eigene Arbeit ernst nimmt, kann von anderen erwarten, ernst genommen zu werden. Die Grenzen für andere beginnen dort, wo man seinen eigenen Anspruch bewusst formuliert.

Das Signal dafür ist ein klares und bestimmtes «Nein». Dies muss vielleicht erst einige Male alleine und ohne Zuhörer geübt werden, bevor man es im Kollegen- und Mitarbeiterkreis erstmals anwendet. Vermutlich wird das Gegenüber zunächst überrascht sein, über eine solche Reaktion auf eine Bitte. Wenn die ganze Person aber voll hinter ihrer Äußerung steht, wird sie von anderen auch akzeptiert werden. Sich selbst ernst zu nehmen schließt auch ein, seine Interessen und beruflichen Ziele klar zu verfolgen. Zu sagen «Ich will» anstatt «Ich würde so gerne» muss nicht unbedingt ein Zeichen von rücksichtslosem Egoismus sein, sondern drückt ein stabiles Selbstbewusstsein aus.

Identitätshürde: «Ich bin wie Ihr»

Erfolg macht zufrieden und stolz, Erfolg macht aber auch einsam. Wo jemand im Licht steht, steht auch jemand im Schatten – und wenn er schon nicht absichtlich in den Schatten geschoben wurde, so ist doch möglich, dass er mit Neid und Missgunst reagieren wird.

Frauen geraten häufig in ein Dilemma, wenn ihr beruflicher Stern zu leuchten beginnt. Sie erleben so etwas wie Ladehemmung auf der Schwelle zum Erfolg. Da eine berufliche Karriere nicht zum traditionellen Frauenbild gehört, können viele Frauen ihren beruflichen Erfolg nicht recht genießen. Er bedeutet für sie, dass sie sich von ihren Geschlechtsgenossinnen entfernen, mit denen sie sich doch solidarisch empfinden möchten. Wird den erfolgreichen Frauen von ihrer Umgebung Bewunderung gezollt, so kann es geschehen, dass sie sich unwohl fühlen, weil sie lieber eine unter vielen anderen bleiben und nicht zu sehr im Rampenlicht stehen möchten. Begegnen ihnen Freundinnen, weibliche Angehörige und Bekannte mit Missgunst, so leiden sie darunter, weil sie Anerkennung und Zuneigung erwarten.

Beispiel:

Frau D. ist ausgebildete Industriekauffrau und arbeitet für einen Büromöbelhersteller. Im Verlauf der letzten Jahre hat sie ihr Organisationstalent und ihre Stärke im Umgang mit Kunden entdeckt und konnte dies bei verschiedenen Anlässen auch zeigen. Nach und nach wechselte sie von der reinen Bürotätigkeit zur Planung, Organisation und Betreuung von Messen, auf denen sie mittlerweile auch erfolgreich den Betrieb repräsentiert. Die Dotierung ihrer Tätigkeit übersteigt heute ihr Anfangsgehalt um ein vielfaches. Sie hat eine dritte Fremdsprache gelernt, kann reisen und kommt mit anderen Menschen in Kontakt. Ihr Glück wäre perfekt, wenn nicht dieses ungute Gefühl dabei wäre. Zunehmend fühlt sich Frau D. unwohl in der Rolle der beruflichen Überfliegerin. Im Freundeskreis meint sie, sich rechtfertigen zu müssen oder sie spielt die Gestresste, um wenigstens das Mitgefühl der anderen zu sichern, obwohl sie die Herausforderungen ihres Berufes liebt und nicht als Belastung empfindet. Wirklich belastend ist für sie die Vorstellung, dass ihr Lebenspartner, der ein weit geringeres Gehalt nach Hause bringt und nur geringe Aufstiegschancen in seinem Beruf hat, sich von ihr überflügelt sieht und ihr den Erfolg und den Spaß nicht gönnt. Inzwischen überlegt sie, ob sie nicht ihre Reisetätigkeiten reduzieren und sich die Aufgabe mit einem Kollegen teilen soll, auch wenn damit finanzielle Einbußen verbunden wären.

Hier wird ein weiterer wichtiger Punkt deutlich. Die Scheu vor dem eigenen Erfolg wird verknüpft mit der Angst, den Partner in seinem Mannsein zu kränken. Dieser muss sich weder beklagen, noch muss er ihre Arbeit durch Verweigerung torpedieren; alleine indem sie vermutet, er wolle sich als alleiniger Ernährer der Familie sehen, wird sie ihm gegenüber Schuldgefühle entwickeln.

Die Angst vor dem Erfolg geht häufig einher mit der Angst vor der eigenen Courage. Je höher die Umsatzzahlen, je mehr Anerkennung vom Chef und von den Kunden, umso größer wird die Höhenangst vieler Frauen. Statt sich zufrieden an dem Erfolg zu freuen, macht sie die Befürchtung unruhig, das vorgelegte Tempo nicht halten und die steigenden Erwartungen des Umfeldes nicht erfüllen zu können. Sie fürchten den Tag, wo sie einmal nicht mehr brillieren, wo sie den selbstgesteckten hohen Standard nicht mehr halten können. Einige berichten von ihrer Angst, man könnte entdecken, dass sie im Grunde nur heiße Luft verbreiteten; ihr Bluff könnte «auffliegen» und jedermann würde erkennen, dass sie im Grund völlig unfähig seien.

Vermutlich können nur wenige Männer diese Gedankengänge nachvollziehen, aber die meisten Frauen kennen den Mechanismus, sich selbst kleiner zu machen, um die eigenen Höhenflüge zu bremsen und sich wieder auf den Boden zurückzubringen. Selbstzweifel sind die eine Erfolgsbremse, rationalisierende Selbstaussagen, die die eigene Berechtigung und Chance des beruflichen Weiterkommens herunterspielen, sind die andere.

Der Weg: Unabhängigkeit statt Identitätsdruck

Wenn die Angst davor, sich zu weit vom weiblichen Rollenbild zu entfernen, der Grund dafür ist, die notwendigen Schritte in Richtung Führungslaufbahn nicht zu tun, dann sollten sich die Frauen vor Augen halten, dass es zu allen Zeiten Frauen gegeben hat, die aus Freude an ihrer Leistungsfähigkeit den Erfolg in der Wissenschaft, in der Kunst und auch im Wirtschaftsleben gesucht haben. Es waren dies nicht immer Einzelkämpferinnen; häufig haben sie sich zu mehreren zusammengetan und sich gegenseitig gestützt. Das können Frauen heute auch tun. Sich weibliche Vorbilder zu suchen, deren Weg dem eigenen gleichen könnte und selbst Vorbild für Jüngere zu werden, ist ein Anfang. Kontakt zu anderen Frauen, die sich in einer vergleichbaren Situation befinden und Einsatz dafür, dass weibliche Berufskarrieren genauso selbstverständlich behandelt werden wie jene von Männern, ist der nächste Schritt.

> Weibliche Solidarität darf nicht bedeuten, sich mit den Schwächeren zu identifizieren und deshalb die eigenen Möglichkeiten nicht auszuschöpfen.

Frauen wären Gefangene der derzeitigen Machtverhältnisse, hätten keine Chance an einer Veränderung der Gesellschaft mitzuwirken oder ihr persönliches Schicksal zu bestimmen, wenn sie sich einzig als Frau innerhalb einer unterprivilegierten weiblichen Gruppe sehen könnten, anstatt als selbstbestimmte freie Wesen.

Je mehr Frauen sich den unbequemen Schuh der coolen, mit allen Wassern gewaschenen Karrierefrau anziehen und je zerknirrschter sie auf die Animositäten ihres Umfelds reagieren, umso mehr entsprechen sie dessen Erwartungen und spiegeln dessen negative Bilder wider. Die gegenseitigen Erwartungen verstärken einander, weil sie die Tendenz haben, sich selbst zu erfüllen. Um diesen Teufelskreis zu durchbrechen, bleibt nur, sich auf seine ursprünglichen Gefühle – den Spaß an der Arbeit und die Lust, sich selbst zu fordern – zu besinnen, um mit diesen echten Empfindungen vor die Welt zu treten und sie mit dem eigenen Enthusiasmus zu überraschen. Man muss sich nicht dafür entschuldigen, dass der Beruf Spaß bereitet! Man hat sich nicht für tolle Leistungen und ein offensichtlich gutes Händchen zu schämen! Man darf nicht über Stress jammern, den man eigentlich genießt! Alles andere als das offene Eingeständnis der Freude über seinen Erfolg hieße, sich zu verstellen und andere zu täuschen. Die Enttäuschung wird irgendwann folgen: entweder, man wirkt tatsächlich unglaubwürdig aufgrund der Diskrepanz zwischen seinen Äußerungen und seinem Handeln oder man übernimmt das, was man nach außen darstellt und vermiest sich selbst den Job, weil man sich überfordert und missverstanden fühlt. Die Auswirkungen werden also jene sein, die man ursprünglich vermeiden wollte: Ausgrenzung und eine negative Einschätzung sowohl der eigenen Person als auch seiner Leistung.

Um sich in einer leitenden Position wohlfühlen zu können, werden sich Frauen kritisch mit dem geltenden Frauenbild auseinandersetzen müssen. Sie werden auch akzeptieren müssen, dass ihr Umfeld, sei es im Beruf oder im Privaten sich an ihnen reibt, weil sie aus dem Rahmen fallen. Doch hier stecken Möglichkeiten der Entwicklung. Frauen können die Chance ergreifen, sich behutsam von alten Rollenvorgaben und Gewohnheiten zu lösen; dabei können sie Gutes beibehalten und Unnützes über Bord werfen. Der Weg zu einem neuen weiblichen Selbstverständnis und zu einer erneuerten Form des Miteinanders mit anderen Frauen und mit Männern kann nicht ohne Reibungen und Konflikte vonstatten gehen. Immer wieder wird man auf Ungereimtheiten stoßen, die der Bearbeitung bedürfen. Doch es gilt: Der Weg ist das Ziel. Frauen können nur gewinnen – Unabhängigkeit für sich selbst und Klarheit für andere.

2.2.3 Sich ins rechte Licht rücken

Mit der Art wie Menschen auftreten signalisieren sie ihrem Gegenüber, wie sie sich selbst sehen. Ein positives Selbstbild drückt sich in einer selbstsicheren Ausstrahlung aus, welche wiederum das Bild prägt, welches sich der Andere macht. Meist geschieht die Einschätzung durch das Gegenüber in Bruchteilen von Sekunden – zu kurz also, um eine erlernte Haltung einzunehmen, die Mimik, die Gestik, den Tonfall zu kontrollieren. Wirklich selbstsichere Menschen strahlen eine natürliche Präsenz aus, ohne viel Aufhebens um ihre Person zu machen. Sie sind klar und treten mit einer unspektakulären Selbstverständlichkeit auf. Bei Frauen ist der Zusammenhang zwischen Selbstsicherheit, also Sicherheit nach innen, und selbstsicherem Auftreten, also Sicherheit nach außen, nicht immer eindeutig gegeben. Zu lange haben sie die entmutigenden Botschaften verinnerlicht und ein Bild von sich entwickelt, das ihnen nicht erlaubt, zu zeigen, dass sie von sich überzeugt sind. Selbst wenn Frauen wissen, dass sie eine Aufgabe sehr gut erledigt haben oder sich in einer Diskussion ganz sicher sind, im Recht zu sein, kommt es vor, dass ihre Sprache und ihr Körper Unsicherheit ausdrücken.

Voraussetzung für eine sichere Körpersprache ist zunächst, die unsicheren Gesten bei sich selbst wahrzunehmen. Beobachten Sie sich in Gesprächen, ob Sie Signale von Unsicherheit ausstrahlen.

Die häufigsten körpersprachlichen Signale sind (vgl. Berckhan 1997):

- Verlegenheitsgesten wie Kauen auf den Lippen, Herumzupfen an den Fingern, Spielen mit Gegenständen, Nesteln an der Kleidung
- Unsicheres Lächeln
- Missverständliches Kopfnicken
- Raumsparende Körperhaltung

Sich selbst im besten Lichte zu präsentieren erfordert von Frauen viel Mut, da selbstbewusstes Auftreten im Widerspruch zu den Frauenbildern unserer Gesellschaft steht. Frauen sollen eher bescheiden sein als stolz, zurückhaltend statt laut, hilfsbedürftig statt stark und keinesfalls zu sehr von sich überzeugt. Der Zwiespalt zwischen ihrem Wissen um die eigene fachliche Qualifikation und Leistungsfähigkeit und dem Gebot der Zurückhaltung drückt sich auf der körpersprachlichen Ebene aus. Die Kenntnis der gesellschaftlichen und kulturellen Hintergründe kann Frauen motivieren, an ihren persönlichen körpersprachlichen Unsicherheitssignalen zu arbeiten, um ihre innere Haltung und ihre Ausstrahlung in Übereinstimmung zu bringen.

Körpersprachlicher Ausdruck lässt sich alleine dadurch steigern, dass die Unsicherheitssignale vermieden werden. Glaubwürdigkeit und Überzeugungskraft entsteht durch positiven Blickkontakt, sinnstützende Gestik und ausdrucksvolle Mimik. Sicherlich kann sich jede Frau an Situationen in ihrem Leben erinnern, in denen sie eben diese Ausdrucksformen genutzt hat. Es ist nicht so, dass eine selbstsichere Körpersprache von Grund auf gelernt werden muss. Die notwendigen Elemente zählen zum Verhaltensrepertoire jeder Person. Sie werden aber nicht in allen Situationen zum Ausdruck gebracht, weil entweder äußere Bedingungen oder innere Barrieren dem entgegenstehen.

Die Erinnerung an eigene überzeugende Auftritte – bestandene Prüfung, erfolgreiche Beschwerde im Lokal, sportliche Leistung, Auseinandersetzung mit einem Handwerker, Konflikte mit den eigenen Kindern – kann die eigene Stärke vergegenwärtigen und eine Ahnung von der eigenen Kraft geben.

Um sich das Gefühl von Mut, Durchsetzungskraft und Ihre persönliche Willensstärke zu vergegenwärtigen, gehen Sie gedanklich in eine Situation, in der Sie mutig waren, in der Sie jemanden überzeugen konnten oder in der Sie sich durchgesetzt haben. Spielen Sie die Situation in Gedanken durch und nehmen Sie die Gefühle wahr, die dabei auftauchen.

Genießen Sie Ihr Selbstvertrauen, Ihren Stolz und Ihre Zufriedenheit!

_____

_____

_____

_____

Sie werden nur ernst genommen, wenn Sie sich selbst ernst nehmen. Wer sich ernst nimmt, beansprucht Raum, nimmt sich Zeit und fordert Aufmerksamkeit. Diese drei Grundpfeiler selbstbewusster körperlicher Präsenz sind keine Geschenke des Himmels. Sie können an ihnen arbeiten und sie verbessern, um sich in entscheidenden Momenten daran zu erinnern. Die folgende Übung soll Ihnen helfen, ein Gefühl für Ihre körperliche Präsenz zu bekommen.

Übung: Ich bin ich!

Stehen Sie mit beiden Beinen fest auf der Erde, richten Sie Ihre Wirbelsäule auf, indem Sie sich vorstellen ein unsichtbarer Faden ziehe Sie von Ihrem Scheitelpunkt aus nach oben. Die Schultern sitzen dabei locker und breit auf Ihrem Rumpf. Atmen Sie tief ein und lassen Sie mit der nachfolgenden Ausatmung auch mögliche Verspannungen aus Ihrem Körper hinausfließen: lockern Sie Ihre Hände und Arme, entspannen Sie Ihren Mund sowie Ihre Stirn- und Augenpartie und lassen Sie den Atem frei fließen.

Diese Haltung ist nicht starr und verkrampft. Sie gibt Ihnen das Maß an Spannung, das Sie benötigen, um von Ihrem Gegenüber wahrgenommen und respektiert zu werden und erlaubt Ihnen dennoch, sich frei und ungezwungen zu bewegen. Sie unterstützen Ihre souveräne Ausstrahlung zuallererst dadurch, dass Sie sich Zeit lassen. Betreten Sie langsam einen Raum, statt hinein zu huschen. Kommen Sie erst einmal an, bevor Sie zu reden beginnen. Sie stehlen niemandem die Zeit! Reden Sie langsam, damit Ihre Worte Gewicht bekommen und gehört werden können. Sie haben etwas zu sagen! Nehmen Sie Blickkontakt mit allen Anwesenden auf. Sie sind es wert, deren Aufmerksamkeit zu erhalten!

3. Interaktion:
Wie verständige ich mich und
wie gehe ich mit Konflikten um?

3.1 Ich – Du – Wir

3.1.1 Kommunikative Grundfähigkeiten

Führungsaufgaben werden vor allem über die Sprache ausgeübt. Aus Kommunikationsstudien ist heute bekannt, dass Führungskräfte bis zu 80 % ihrer Arbeitszeit mit Verhandlungen, Gesprächen, Sitzungen usw. verbringen. Die Fähigkeit zu klarer und zielorientierter Kommunikation ist unabdingbare Voraussetzung für die erfolgreiche Leitung eines Teams. Sie ist Grundlage des Verhandlungserfolges, der persönlichen Überzeugungskraft bei der Darstellung eigener Ideen und wichtiger Aspekt der Motivationsfähigkeit einer Führungskraft. Sich mit einem Partner zu verständigen, setzt voraus, dass man ihn versteht. Verstehen hängt jedoch nicht alleine davon ab, ob man dieselbe Sprache spricht, sondern auch davon, welche Botschaft sich uns mit Worten mitteilt. Botschaften sind immer auslegungsfähig. Wer sie nicht deuten kann, geht Gefahr, andere misszuverstehen, an ihnen vorbeizureden oder falsch auf ihre Mitteilungen zu reagieren.

Auf Schulz von Thun (1991) geht ein Modell zurück, welches die vier Aspekte erfasst, die sich in jeder sprachlichen Äußerung finden lassen.

1. Jede Nachricht beinhaltet Information über einen Sachverhalt: Sachinformation
2. Sie drückt etwas über die Person des Sprechenden aus: Selbstoffenbarung
3. Sie gibt Auskunft über die Beziehung zwischen Sprechendem und Zuhörendem: Beziehungsdefinition
4. Sie fordert zu bestimmten Handlungen auf: Appell

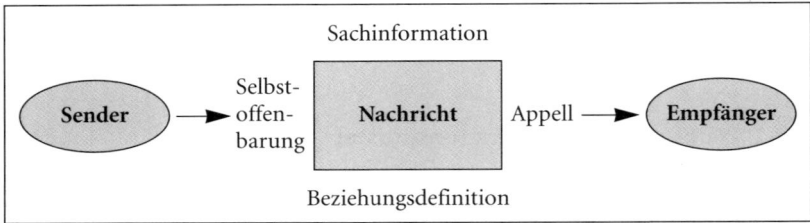

Die vier Aspekte einer Nachricht (vgl. Schulz von Thun 1991)

Die vier Aspekte einer Nachricht können offen oder verdeckt ein, sie können dem Sprechenden bewusst sein oder ihm selbst verborgen bleiben. Er redet gewissermaßen mit vier Mündern – so wie der Empfänger die Nachricht mit vier Ohren aufnehmen kann.

Beispiel:

Die Teamleiterin äußert in einer Projektsitzung:
«Wir kommen mit dem Projekt nicht voran».
Die Aussage kann folgendes bedeuten:
«Wir liegen hinter unserem Zeitplan.» (Sachinformation)
«Ich bin ratlos und weiß nicht weiter.» (Selbstoffenbarung)
«Ihre Leistung enttäuscht mich.» (Beziehungsdefinition)
«Sie müssen sich mehr für das Projekt einsetzen.» (Appell)

Es ist nicht schwer, sich vorzustellen, wie störungsanfällig dieses komplexe Verständigungssystem ist. Im Alltag wird es den Menschen kaum bewusst sein, mit welchem Mund sie gerade sprechen beziehungsweise mit welchem Ohr sie gerade hören.

In der verantwortlichen Stellung einer Führungskraft jedoch muss die Sensibilität für die Qualität der eigenen Mitteilung vorausgesetzt werden. Genausowichtig für eine klare Kommunikation ist aber die Kenntnis der verschiedenen Möglichkeiten des «Verstehens» durch den Empfänger. Kommunikation ist immer störanfällig. Da zwischenmenschliche Interaktion sehr komplex ist und von vielen verschiedenen Bedingungen abhängt, gehören Missverständnisse quasi zu jedem Gespräch dazu. Nur durch die achtsame Verständigung und die Vorwegnahme möglicher Missverständnisse ist reibungsfreies Kommunizieren möglich.

Um sicher zu gehen, dass man richtig verstanden wurde bzw. dass man selbst den Gesprächspartner richtig versteht, ist es ratsam, um Rückmeldungen zu bitten bzw. selbst Rückmeldung zu geben. Es liegt in der Verantwortung der Führungskraft, eigene mehrdeutige oder abstrakte Aussagen zu vermeiden und bei unklaren Äußerungen ihres Gesprächspartners sofort nachzufragen, ob sie diese auch richtig verstanden hat.

3.1.2 Weibliche Kommunikationsmuster

Wer ins Berufsleben eintritt findet eine fertige Welt vor, deren Regeln im Alltag etabliert sind und nach denen sich die Mehrheit der Arbeitenden richtet, ohne sie bewusst zu reflektieren. Selbstverständlich unterscheiden sich die Umgangsformen in den verschiedenen Branchen; sie sind abhängig von der Größe des Unternehmens, von seiner Struktur und von der Mentalität der geographischen Region. Im großen und ganzen aber wird ein männlich geprägter Interaktionsstil die Norm sein. Die Machtpositionen der Wirtschaft waren traditionell von Männern besetzt und diese prägten die vorherrschenden Muster. Womit müssen Frauen also rechnen, wenn sie sich in der männlichen Welt der Führungskräfte bewegen? Wodurch unterscheidet sich ein männlicher von einem weiblichen Gesprächsstil?

Frauen und Männer reden anders – das lässt sich im privaten wie im beruflichen Alltag feststellen. Schon die Themen, über die sich Mädchen und Jungen unterhalten, unterscheiden sich grundsätzlich.

> Jungen reden bevorzugt über Dinge und Tätigkeiten, während Mädchen eher über sich, über Menschen und Gefühle sprechen. Die sprachliche Auseinandersetzung mit sachlichen Inhalten bzw. menschlich-emotionalen Themen geht einher mit einer grundsätzlichen Sachorientierung bzw. Beziehungsorientierung von Jungen bzw. Mädchen.

Die Schwierigkeit der sprachlichen Verständigung zwischen Frauen und Männern liegt an diesen Ebenen: Während Frauen im Dialog häufig bemüht sind, ihre eigenen Gefühle darzustellen und die Beziehung zu ihrem Gegenüber zu klären, konzentriert sich der Partner im wesentlichen auf die Darstellung der Sache. Missverständnisse sind vorprogrammiert.

Mädchen werden dazu erzogen, auf Harmonie zu achten und auf die Gefühle anderer Rücksicht zu nehmen. Die Erwartungen, mit denen Jungen konfrontiert werden, stehen dem entgegen: Sie sollen sich unter allen Umständen durchsetzen. Wenn sie die Stärkeren sind und als Sieger aus einer Auseinandersetzung hervorgehen, werden sie dafür belohnt. Es ist deshalb nicht weiter verwunderlich, dass erwachsene Männer zu einem Gesprächsstil neigen, der die Abgrenzung zum Gegenüber betont. Sie versuchen, eine unterlegene Position in der Interaktion zu vermeiden. Dies geschieht in Form von Scherzen und spielerischen Herabsetzungen. Männer beanspruchen und nehmen sich mehr Redezeit als Frauen, sie steuern den Gesprächsverlauf, indem sie die Themen bestimmen, ihr Gegenüber häufiger unterbrechen und korrigieren.

Der männliche eher dominante, konkurrenzorientierte Kommunikationsstil wird im Alltag ergänzt durch den Sprachstil von Frauen. Dieser ist mehr auf Vermittlung angelegt und zeigt sich eher abwägend.

Frauen versuchen ihre Autorität herunterzuspielen, um den Anschein von Gleichheit und Verbundenheit mit dem Anderen zu bewahren. Sie wollen sich ungern als Machtinhaberin darstellen und Distanz, die sich aufgrund ihrer Position ergeben könnte, vermeiden.

Frauen fehlt häufig das Bedürfnis, ihre Überlegenheit darzustellen und sich im Gespräch abzusichern, um eine mögliche Abwertung zu vermeiden. Ihr Selbstverständnis ist weniger gefährdet, wenn sie beispielsweise jemanden um Rat fragen müssen, eine Auskunft benötigen oder eine Bitte formulieren. Dadurch können sich Frauen im Beruf sehr viel effektiver Informationen beschaffen und ersparen sich neben einer Menge Zeit möglicherweise auch viel Ärger, den Männer riskieren, wenn sie im Alleingang komplexe Probleme zu lösen versuchen und den Allwissenden mimen.

Durch ihre Offenheit sind Frauen grundsätzlich an ehrlicher Rückmeldung von Kollegen und Mitarbeiterinnen interessiert. Sie haben keine Angst vor Nähe und müssen sich nicht von ihren Kommunikationspartnern distanzieren. Dadurch können Frauen verschiedene Meinungen nebeneinander stehen und gelten lassen und sind bereit, ihr Verhalten zu reflektieren und wenn nötig zu korrigieren.

Allerdings laufen viele Frauen Gefahr, das was sie auszeichnet – nämlich Kritik anzunehmen und sich selbst zu hinterfragen – zu übertreiben. Sie suchen die Ursachen für Misserfolge eines Teams eher bei sich selbst. Anstatt bereitwillig die Verantwortung für eine missliche Situation zu übernehmen und zunächst Fehler bei sich selbst anzunehmen, sollten sie kritischer mit ihren Gesprächspartnern sein und ihnen ihren Teil der Verantwortung überlassen.

Frauen nehmen ihr Gegenüber sensibler wahr, können gut zuhören und berücksichtigen die Auswirkungen des Gesagten auf die andere Person. Sie zeigen sich also in der Rolle einer aktiven Zuhörerin, die sich um ein echtes Verständnis der Hintergründe einer Sache und der Beweggründe von Menschen bemüht. Sie lassen andere deshalb ausreden und geben ihnen die Möglichkeit sich darzustellen.

Jostein Gaarder, Philosoph und Autor von *Sofies Welt*, fasste im Bezug auf die kindliche Gesprächshaltung zusammen, was auch für erwachsene Frauen und Männer gilt: «Für Mädchen ist es wichtig zu verstehen. Den Jungs ist es wichtig, verstanden zu werden.»

Überspitzt ließe sich feststellen: Frauen fragen (und äußern auf diese Weise ihr Interesse am anderen) – Männer stellen fest (und drücken so ihr Bedürfnis nach Selbstbehauptung aus).

In geschlechtshomogenen Gruppen funktioniert die Verständigung reibungslos, da alle mit den herrschenden Konventionen vertraut sind. Wenn die Sprechweisen jedoch wörtlich genommen werden, weil Anwesende den Umgangsstil nicht kennen, dann kann die oppositionelle Strategie der Männer feindselig wirken, ohne dass dies beabsichtigt wäre. Ihr Versuch, überlegen zu bleiben, kann als Arroganz missverstanden werden.

Demgegenüber vermittelt der Gesprächsstil von Frauen möglicherweise den Eindruck mangelnde Selbstsicherheit und Kompetenz, da er darauf angelegt ist, Selbstdarstellung im Sinne von Prahlerei zu vermeiden und dem anderen auf der gleichen Ebene zu begegnen.

Die Bezogenheit auf den Gesprächspartner äußert sich auch im nonverbalen Verhalten von Frauen. Sehr viel häufiger als Männer zeigen sie Signale der Zuwendung und des Verstehens – in Form von Kopfnicken oder Lächeln etc. Diese gesprächsbegleitende unterstützende Körpersprache kann im beruflichen Kontext leicht missverstanden und als Unterwerfungssignal gedeutet werden.

Frauen in traditionell männlichen Berufsfeldern wurde ihre vermeintliche Schwäche solange negativ angemerkt, bis sie selbst daran glaubten und sich in der Folge um einen männlich-nüchternen Sprachstil bemühten. Im Extremfall führt dies zu einem «Maggie-Thatcher-Effekt»: Frauen stellen sich als die besseren Männer dar. Da Frauen nicht mehr authentisch sind, wenn sie einen Teil ihre weiblichen Persönlichkeit ständig verbergen und verdrängen müssen, kann dies nur schief gehen – und zwar auf verschiedenen Ebenen:

- Führungsfrauen, die einen männlichen Gesprächsstil übernehmen, machen es anderen Frauen unmöglich, sich mit ihnen zu identifizieren. Sie werden von ihnen abgelehnt und können nicht mehr auf deren Loyalität bauen.
- Durch einen an Männern orientierten Umgangsstil kommt es zu Reibungen mit Mitarbeiterinnen und Kolleginnen, die durch das fremdartige Verhalten der angepassten Führungsfrau irritiert, verunsichert und verärgert sind.
- Die Distanzierung der Mitarbeiterinnen und Kolleginnen führt dazu, dass sich die unsichtbaren Grenzen zwischen Führungsfrauen und den anderen Frauen weiter aufbauen und die Leistungsbereitschaft innerhalb der Gruppe sinkt.

- Die Feindseligkeiten und die mangelnde Unterstützung werden zur Folge haben, dass die Leiterin eines Arbeitsteams kaum Anstrengungen unternehmen wird, weiblichen Nachwuchs im Unternehmen oder in ihrer Gruppe zu fördern.
- Teaminterne Konflikte zwischen Frauen werden im Unternehmen nicht unbemerkt bleiben und verstärken das verbreitete Vorurteil, dass Frauen nicht ohne Streit miteinander arbeiten können.

Die Tendenz von Frauen, die Beziehungsebene im Gespräch zu betonen, wurde lange Zeit als Gefühlsduselei betrachtet. Natürlich stammt diese Sicht von Männern. Sie empfinden persönliche Mitteilungen und Appelle, die die Beziehung thematisieren, im Beruf deplaziert; sie erscheinen ihnen fremd, und sie fühlen sich herausgefordert – wohl nicht zuletzt deshalb, weil sie schon im Privatleben damit zu kämpfen haben und ihr vertrautes Terrain wenigstens im Beruf absichern möchten.

Die Betonung des Emotionalen bedeutet jedoch nicht zwangsläufig ein Defizit im sachlichen Umgang; vielmehr ist die Klärung der persönlichen Beziehung zwischen den Gesprächspartnern Voraussetzung für erfolgreiche sachliche Kommunikation. Es ist nicht nötig, jede Beziehung und das persönliche Empfinden des Einzelnen an jeder Stelle explizit zu thematisieren und «auszudiskutieren», jedoch dürfen sie keinesfalls aus dem beruflichen Dialog ausgeklammert werden.

Frauen haben aufgrund ihrer Beziehungsorientierung einen gewissen Vorsprung gegenüber ihren männlichen Kollegen, wenn es um Kommunikation in einem Team geht. Gleichfalls kommt ihnen ihre emotionale Offenheit und Sensibilität im Umgang mit Untergebenen zugute. Wo ein kooperativer Führungsstil gefragt ist, müssen menschliche Beziehungen im Mittelpunkt der Aufmerksamkeit stehen.

> Die Lösung für erfolgsorientierte Frauen kann nicht sein, den männlich-dominanten Kommunikationsstil zu übernehmen, um beruflich aufzusteigen, da sie in diesem Falle wesentliche Vorzüge der weiblichen Interaktionsformen ungenutzt ließen und zudem nicht mehr authentisch wären.

Die Darstellung der Vorteile eines tendenziell weiblichen Sprachstils soll nicht bedeuten, dass dieser als das Non-Plus-Ultra der Kommunikation verstanden wird. Männer reden anders als Frauen und Frauen reden anders als Männer. Genauso wenig, wie sich Frauen an ein männliches Kommunikationsmuster anpassen sollten, sollten dies in umgekehrter Form Männer tun.

Für ein reibungsloses Miteinander wäre es vielmehr wünschenswert, dass Frauen und Männer die Art und Weise, wie das andere Geschlecht kommuniziert, kennen, um gegebenenfalls darauf eingehen zu können und Missverständnisse bereits im Entstehen zu verhindern. Frauen können von den Männern lernen, eindeutige Botschaften statt indirekter Appelle zu senden und sich selbstbewusst durchzusetzen. Für Männer hingegen brächte es beträchtliche persönliche Vorteile und berufliche Erfolge im Team, wenn sie von Frauen lernen würden, wie bedeutsam das Wahrnehmen des anderen in seiner Ganzheit ist und wie sehr es zu einer positiv-konstruktiven Gesprächsatmosphäre beiträgt, wenn man die eigenen Bedürfnisse zurückstellen kann.

Gerade Offenheit und Bezogenheit auf den Gesprächspartner kennzeichnen einen Umgangsstil, der im Management derzeit im Kommen ist und als Voraussetzung für ein erfolgreiches Zusammenwirken im Team gilt.

> Kennzeichen eines teamorientierten Gesprächsstils:
> - Den anderen ernst nehmen, statt sich selbst zu profilieren.
> - Dem Partner zuhören, statt nur selbst zu reden.
> - Probleme und Aufgaben gemeinsam lösen, statt immer recht haben zu wollen.
> - Das Gesprächsklima offen und konkurrenzfrei halten, statt Machtspiele zu spielen.
> - Fehler offen eingestehen, statt sie zu vertuschen.
> - Fragen stellen und um Hilfe bitten, statt den starken Mann zu markieren.

3.1.3 Entstehung und Sinn von Konflikten

«Konflikt» bedeutet soviel wie «Zusammenstoß». Was da zusammenstößt und aufeinander trifft sind unterschiedliche Meinungen oder Bedürfnisse. Konflikte können eingeteilt werden in solche, die sich innerhalb einer Person abspielen (intraindividueller Konflikt), und solche, die zwischen zwei oder mehreren Personen auftreten (interindividueller Konflikt).

Führungskräfte werden mit beiden Formen konfrontiert. Es liegt in ihrer Verantwortung gegenüber ihren Mitarbeiterinnen und Mitarbeitern, deren persönliche Probleme aufzugreifen. Befindet sich eine Person aus der Arbeitsgruppe in einer intrapsychischen Konfliktsituation – weil sie sich beispielsweise zwischen zwei widerstreitenden Interessen entscheiden muss – kann es sein, dass sie ihre Vorgesetzte um Hilfe bittet. Es ist aber auch möglich, dass sich die oder der Betroffene nicht an die Führungskraft wendet, sondern durch nachlassendes Engagement in der Abteilung auffällig wird. In beiden Fällen muss sich die Führungskraft um diese Person kümmern und versuchen, sie bei der Klärung ihres innerpsychischen Konfliktes zu unterstützen.

Häufiger aber wird eine Führungskraft mit interindividuellen Konflikten, das heißt mit widersprüchlichen Bedürfnissen oder Meinungen zwischen verschiedenen Personen konfrontiert werden. Im Interesse der ganzen Gruppe muss eine Eskalation der Auseinandersetzung vermieden werden.

Wenn Menschen Konflikte austragen, bedeutet dies Krach und Streit. Beleidigungen, offene Anfeindungen, Wutausbrüche und verbale Tiefschläge drücken die Enttäuschung und Frustration der Partner aus, die sich nicht einigen können oder sich gegenseitig im Wege stehen. Die persönliche Betroffenheit und die negativen Gefühle der Konfliktteilnehmer führen dazu, dass der Blick auf die Sache und damit auf mögliche Lösungen des Problems vernebelt ist.

Im Verlauf eines Streits können gegenseitige Ablehnung und Herabsetzung zu einer Polarisierung und zu einer Verfestigung der Positionen führen. Die unfruchtbare Eskalation einer Auseinandersetzung endet in destruktiven Vorwürfen und persönlichen Beschuldigungen, die ihre Wirkung über lange Zeit beibehalten und ein zukünftiges reibungsloses Miteinander erschweren, wenn nicht sogar unmöglich machen.

Der Weg bis zur Eskalation eines Konfliktes kann unter Umständen recht weit sein. Negative Gefühle können lange im Verborgenen brodeln, bis es zu einem Ausbruch kommt. Nicht immer treten schwelende Konflikte sichtbar zu Tage; sie wirken häufig im Untergrund, beeinträchtigen aber sowohl das Klima und die Arbeitsergebnisse des Teams als auch das Wohlbefinden und die Leistung des einzelnen Betroffenen.

Vorgesetzte sollten die frühen Zeichen latenter Konflikte innerhalb ihrer Arbeitsgruppe erkennen, um gegebenenfalls darauf reagieren und dem Problem auf den Grund gehen zu können.

Anzeichen für ungelöste Konflikte innerhalb einer Arbeitsgruppe:

Verhaltensänderungen von Einzelnen:	Gesteigerte Aggressivität, Desinteresse, mangelhaftes Engagement, Leistungsabfall, Unentschlossenheit
Veränderungen innerhalb der Gruppe:	Allgemeine Unzufriedenheit (Gereiztheit, Frustration, subtiles Klagen), Rückzug (übermäßig angepasstes Verhalten, Ausbleiben von Vorschlägen und Rückmeldungen), Aggression (Trotz, Widerstände)

Messbare Veränderungen:	Nachlassende Qualität der Arbeit, erhöhte Fehlzeiten
Plötzliche Veränderungswünsche:	Versetzungsgesuche, unerwartete Kündigungen

Die dargestellten Hinweise auf schwelende Konflikte müssen den Verantwortlichen im beruflichen Alltag vor Augen stehen, damit sie die Konflikte ansprechen und bearbeiten können.

> Jeder Konflikt ist ein Zeichen für den Gruppenleiter. Er weist auf Unstimmigkeiten hin, seien diese organisatorischer Art oder durch Unverträglichkeiten zwischen Menschen bedingt, er verdeutlicht Ungerechtigkeit und Benachteiligung genauso wie kommunikative Unklarheiten und Missverständnisse zwischen Führung und Team.

Die Signalfunktion ist einer der häufig übersehenen positiven Aspekte von Konflikten. Konflikte werden zwar momentan meist negativ erlebt, doch kennen wir alle ihren Beitrag zu positiven Veränderungen. Sie geben uns Anlas, unser Wertesystem zu hinterfragen, machen uns klar, wo unbewusste Bedürfnisse und Gefühle unser Handeln beeinflussen, und geben Impulse, unbrauchbar gewordenen Ballast abzuwerfen und Veränderungen einzuleiten. Konflikte können gar nicht ernst genug genommen werden. Ihre Analyse ist ein wertvolles Instrument zur Selbsterkenntnis, zur Optimierung von Arbeitsabläufen und zur Stabilisierung des Gruppenzusammenhaltes.

Mädchen lernen im Verlaufe ihrer Erziehung meist, Unfrieden zu vermeiden. Da offene Aggression eher dem Rollenbild des Jungen zugeordnet wird, gehen sie einem Krach zunächst aus dem Weg und versuchen durch Verhandeln eine Einigung zu erreichen.

> Das Vermeiden von Streit ist nicht gleichzusetzen mit Konfliktunfähigkeit, genauso wenig hat männliche Streitkultur mit Konfliktlösung zu tun.

Dass Frauen dazu neigen, Konflikten im Beruf auszuweichen, ist ein weit verbreiteter Irrtum. Neuere Untersuchungen zeigen vielmehr, dass Frauen daran gelegen ist, solange als möglich eine friedvolle kommunikative Atmosphäre zu erhalten, um im gemeinsamen Austausch zu konstruktiven Lösungen eines Problems zu kommen. Rückt im Verlauf eines Konfliktes jedoch das Sachliche soweit in den Hintergrund, dass das Gespräch nur noch auf der emotionalen Ebene stattfindet oder sich völlig vom Thema entfernt und mit anderen Inhalten befasst, so scheuen sie sich nicht, zugrundeliegende Konflikte direkt anzusprechen, Gründe zu suchen und eine Verständigungsebene anzustreben, die zumindest eine weitere Kooperation möglich macht.

Männer hingegen gelten zwar als streitlustig und konfliktfähig; sie haben keine Angst vor lauten Worten und einem harschen Ton. Dies gilt jedoch nur solange der Konflikt sich auf einer abstrakten Sachebene abspielt – hier fühlen sich Männer sicher. Sobald jedoch die eigene Person angesprochen wird, verstecken sich die Konfliktpartner hinter lautstark vorgetragenen Argumenten. Die eigenen Gefühle werden ängstlich verdrängt, emotionale Nähe wird vermieden und Worte werden als Schutz vor persönlichen Verletzungen benutzt. Der zugrundeliegende Konflikt zwischen zwei Menschen wird nicht bearbeitet; zudem torpediert er eine zukünftige lösungsorientierte Zusammenarbeit.

Häufig ist zu beobachten, dass sich Kontrahenten nach einem Krach scheinbar unbelastet wieder zusammensetzen können – dies gilt als Beweis für die Nüchternheit, Effizienz und Stärke männlicher Führungskräfte. Völlig außer acht bleibt dabei aber die langfristige Wirkung auf die Psyche des Einzelnen und auf die gemeinsame Beziehung. Indem die Männern sich nicht ehrlich austauschen, sondern ein Spiel miteinander spielen, entstehen Barrieren, wo sich Vertrauen bilden sollte. Die Psyche vergisst Verletzungen nicht: wenn sie nicht thematisiert und bearbeitet werden, werden sie im Unbewussten gespeichert und wirken als unterschwellige Störfeuer weiter. Misstrauen und Animositäten führen auf der einen Seite dazu, dass die Einzelperson sich unwohl fühlt und emotional stark belastet ist. Auf der anderen Seite wird sich die Zusammenarbeit über die Zeit zunehmend verschlechtern und das Arbeitsklima leiden, wodurch auch die Arbeitsergebnisse nicht optimal sein können.

Wie in privaten Beziehungen auch sind die Frauen eher die Beziehungsmanager. Ihnen liegt an einer vertrauensvollen Atmosphäre, sie suchen emotionale Klarheit und sprechen Unklarheiten direkt an. Männer sind im Beruf wie im Privaten eher diejenigen, die sich einer Aussprache entziehen. Sie verschließen die Augen vor zwischenmenschlichen Problemen, starten Ausweichmanöver oder sitzen Konflikte aus und spielen «heile Welt». Der Preis dafür ist ein ständiger Verdrängungsstress, der sich letztendlich im Körperlichen äußern wird.

3.2 Sich erkennen und andere wahrnehmen

3.2.1 Situationen und Konstellationen

Menschen unterscheiden sich in ihrer Art, wie sie auf äußere Gegebenheiten reagieren. Die individuellen Reaktionsmuster sind Automatismen ähnlich, die dazu dienen, das Leben in bestimmter Form zu erleichtern. Sie beschreiben Tendenzen, sich in ähnlichen Situationen in ähnlicher Art und Weise zu verhalten. Reaktionsmuster weisen eine gewisse Konstanz über Zeit und Raum hinweg auf und machen unter anderem die Identität einer Person aus. Allerdings sind sie nicht festgelegt, sondern können sich unter dem Eindruck von Lebenserfahrungen und -umständen verändern und fortentwickeln. Desgleichen hat das Individuum auch die Freiheit und die Möglichkeit, seine Verhaltenstendenzen bewusst zu verändern. Dies wird insbesondere dann geschehen, wenn ein bestimmtes Verhalten in einer bestimmten Situation oder Konstellation nicht sinnvoll oder passend erscheint.

Besonders eindrucksvoll präsentieren sich Reaktions- und Handlungsmuster in der Interaktion mit anderen Personen. Die Analyse des eigenen Gesprächsverhaltens kann nützliche Hinweise auf spezifische Eigenheiten im Umgang mit Anderen geben.

Gehen Sie gedanklich in eine für Sie schwierige Gesprächssituation, die Sie in der Vergangenheit erlebt haben. Sie sollte sich möglichst auf Ihre berufliche Tätigkeit beziehen, kann aber auch aus dem Privatleben entstammen. Überprüfen Sie anhand der folgenden Fragen mittels Ihrer Erinnerung und durch aktives Ausprobieren Ihren persönlichen Gesprächsstil:

In welcher Stimmung gehe ich in ein schwieriges Gespräch?

_____

_____

_____

Wie begrüße ich meinen Gesprächspartner, um eine angenehme Atmosphäre zu schaffen?

_____

_____

_____

Wie formuliere ich meine Forderung/mein Anliegen/meinen Standpunkt?

Wie äußere ich Ärger, Unmut, Enttäuschung, Wut oder Freude im Gespräch?

Wie reagiere ich auf Zurückweisung meiner Forderung oder meiner Person?

Jeder Mensch hat im Verlauf seines Aufwachsens persönliche Muster entwickelt, wie er mit bestimmten Situationen und Personen umgeht. Diese Reaktionsmuster sind der Person im allgemeinen nicht bewusst.

Um sich selbst und sein Verhalten in der Interaktion zu erkennen, ist es notwendig, gedanklich ein Stück weit in die eigene Kindheit zurückzugehen. Auf der biographischen Spur von Verhaltenstendenzen ist die erste Station die Familie, in der man aufgewachsen ist. Sie prägt unser Interaktionsverhalten besonders nachhaltig, da sie die erste Gruppe darstellt, in der wir Beziehungen erleben und Formen des sozialen Miteinanders kennenlernen.

Im familiären Kontext wird entsprechend den aufeinanderfolgenden Altersphasen erprobt, wie man mit Autoritätspersonen, mit Gleichrangigen oder mit Schwächeren umgehen kann. Die Einordnung einer fremden Person auf der einen oder anderen Stufe weist der eigenen Person ihre Position zu und bedingt entsprechende Verhaltensweisen. Wird beispielsweise ein Gegenüber als Autoritätsperson erlebt, so reagieren wir häufig aus der Position eines Kindes: brav, wohlerzogen, angepasst, trotzig, hilflos oder übermütig. Bei Menschen, von denen wir annehmen, dass sie schwächer sind als wir selbst, neigen wir dazu, diese zu umsorgen, sie zu unterstützen, aber auch sie zu bevormunden oder zu kritisieren.

Eric Berne nennt diese beiden Ausgangspositionen in seinem Konzept der Transaktionsanalyse «das Kind-Ich» bzw. «das Eltern-Ich». Im Gegensatz zu diesen eingeschränkten Reaktionsweisen ermöglicht uns das sogenannte «Erwachsenen-Ich», alle unsere Erfahrungen, Wahrnehmungen und Möglichkeiten bewusst abzuwägen, um zu einer unabhängigen selbstverantwortlichen Entscheidung zu kommen, die unser Handeln der Situation anpasst und nicht auf erlernten Verhaltensschemata basiert.

Schlüpfen wir in eine der genannten Ich-Formen, so spiegelt sich dies sowohl in unserer Wortwahl und im Tonfall als auch in unserer Gestik und Mimik. Zugleich schränkt sie auch unseren Interaktionspartner in dessen Verhaltensrepertoire ein; er kann sich der angesonnenen Rolle anpassen oder sich dagegen wehren – immer aber bleibt sie das Maß, an dem er sich auszurichten hat.

Wenn ich aus meinem «Kind-Ich» reagiere, so wird mein Gegenüber entweder die passende Eltern-Rolle übernehmen – die Interaktion ist subjektiv stimmig – oder er wird mir ebenfalls als Kind begegnen, was dazu führt, dass wir gemeinsam hilflos sind oder uns unsere Rollen gegenseitig streitig machen. Tritt er mir weder als konkurrierendes Kind noch als fürsorglich-kritischer Elternteil entgegen, sondern als Erwachsener, so wird er meine Kommunikationsform als unangemessen und störend empfinden.

Um konstruktiv Herausforderungen meistern zu können und im Beruf ernst genommen zu werden, um soziale Anerkennung im Kollegenkreis zu finden und sich fachlich kompetent zu präsentieren, ist es notwendig, ein stabiles Erwachsenen-Ich aufzubauen. Dazu bieten sich folgende Vorgehensweisen an (vgl. Harris 1991):

- *Lernen Sie Ihr Kindheits-Ich kennen!* Achten Sie auf Ihre verwundbaren Seiten und Ihre Ängste. Beobachten Sie sich in verschiedenen Situationen: Wie drücken Sie meist Ihre Gefühle aus? Verändert sich Ihr Tonfall, Ihre Haltung und Ihre Bewegung?
- *Lernen Sie Ihr Eltern-Ich kennen!* Achten Sie auf Ihre unverrückbaren Grundsätze, auf Ihre Gebote und inneren Verbote. Beobachten Sie sich in verschiedenen Situationen: Wie drücken Sie meist Ihre Grundsätze aus? Wie zeigt sich das Eltern-Ich in Ihrer verbalen und nonverbalen Kommunikation?
- In Situationen, in denen Sie dazu neigen, aus dem Kindheits- oder Eltern-Ich zu reagieren, zählen Sie bis zehn, um *sich selbst die Zeit zu lassen*, das Kindheits- bzw. das Eltern-Ich von der Realität zu trennen und zu einem adäquaten Verhalten zu kommen.
- Bauen Sie sich ein *eigenes Wertsystem* mit bewusst reflektierten Überzeugungen und Handlungsmaximen auf, das als Fundament für Ihre Entscheidungen dienen kann. Die übernommenen Orientierungen aus Ihrer

Kindheit haben nicht den Gehalt von «Ich muss» und «Ich soll», sondern werden als Erwachsene von Ihnen reflektiert und ersetzt durch ein «Ich kann».

3.2.2 Soziale Wahrnehmungsfähigkeit und Sensibilität

Frauen sind sensibel im Umgang mit Menschen. Diese Sensibilität wird ihnen von Männern häufig als Empfindlichkeit und Dünnhäutigkeit ausgelegt. «Frauen vertragen nichts» heißt es dann nach einer Auseinandersetzung. Damit wird ausgedrückt, dass Frauen verletzt reagieren und Emotionen zeigen, wenn sie angegriffen werden. Männer jedoch sind genauso betroffen, sie zeigen es nur nicht. In der männlichen Kultur der Machtzentralen von Wirtschaft, Wissenschaft und Politik gilt das männliche Verhalten als Richtwert, und Frauen, die einen beruflichen Aufstieg anstreben, sind nur allzu leicht bereit, diese Normen zu übernehmen. Sie selbst sehen dann in ihrer Sensibilität, ihrer Empfindsamkeit und ihrem Einfühlungsvermögen eine weibliche Schwäche, die sie sich abgewöhnen müssen zugunsten einer männlich gefärbten Härte. Sie übersehen dabei, dass ihnen ihre weibliche Erziehung einen Schatz mitgegeben hat, den sie für ihren beruflichen Erfolg vorzüglich nutzen können, weil er ihnen im Umgang mit Menschen große Vorteile verschafft.

Ein Teilaspekt weiblicher Sensibilität ist die Fähigkeit, andere Personen im Detail wahrzunehmen, so dass vor ihrem inneren Auge ein präzises Bild entstehen kann. Sich ein Bild von jemandem zu machen erfordert, sich empathisch in diese Person hineinzufühlen und den inneren Eindruck mit dem äußeren Gebaren der Person – ihrem Ausdruck also – zusammen zu bringen.

Sich in eine andere Person einzufühlen gelingt Frauen meist sehr gut, da sie in ihrer Erziehung gelernt haben, auf andere Menschen einzugehen. Die weibliche Sozialisation ist ein gutes Übungsfeld um zu erfahren, wie man Beziehungen aufnehmen kann, wie sie sich unter welchen Umständen verändern und was zu tun ist, um sie zu erhalten. Die hohe soziale Kompetenz, deren Säulen die soziale Wahrnehmungsfähigkeit und Empathie sind, ist nicht zuletzt eine Folge des kindlichen Spiels. Im mädchentypischen Rollenspiel werden beispielsweise enge emotionale Beziehungen nachgestellt und das soziale Miteinander im spielerischen Umgang erprobt. Das Einschwingen auf ein Gegenüber oder das sich Einlassen auf die Gefühlswelt einer anderen Person ist erste Bedingung für erfolgreiche Interaktion im Spiel wie in der Erwachsenenwirklichkeit.

Die Deutung des Äußeren und das Verständnis für den Ausdruck einer anderen Person (in Kleidung, Wortwahl, Sprechweise oder Körpersprache) wird erworben im Umgang mit Menschen. Im weiblichen Lebenszusammenhang wird diese Kompetenz dadurch verstärkt, dass Frauen selbst sehr stark auf ihr Äußeres verwiesen werden.

Ihr Aussehen und die Art, sich zu geben, ist von großer Bedeutung für Frauen. Weibliche Attraktivität ist ein Thema, das in den Medien, vor allem in den frauenspezifischen Medien breiten Raum einnimmt. Es verwundert deshalb nicht, dass viele Frauen ihren Körper kontrollieren und ihre Erscheinung von außen beurteilen, indem sie sich mit den Augen eines anderen betrachten. Die Fähigkeit, Körpersignale zu erkennen und nonverbale Botschaften zu deuten, resultiert also unter anderem aus der Beschäftigung mit der eigenen Außenwirkung.

Im Führungsbereich kommt den Frauen dieses Potential auch im Umgang mit Mitarbeiterinnen und Mitarbeitern zugute. Wer körperliche Signale sicher erkennen und damit verständig umgehen kann, versteht seine Gesprächspartner leichter und besser.

Es gibt keinen eindeutigen Code für körpersprachliche Ausdrucksformen, doch können Körpersignale unter Einbeziehung des situativen Kontextes sichere Hinweise über den Status, die Befindlichkeit oder die Absicht eines Gegenübers geben.

Unsicherheit, Verlegenheit, Ungeduld, Wichtigtuerei, Ablehnung, Gleichgültigkeit, Interesse drücken sich in Mimik und Gestik aus. Sie können entweder mit den sprachlichen Botschaften übereinstimmen oder ihnen widersprechen. Rufen Sie sich die enge Verknüpfung zwischen verbaler und nonverbaler Kommunikation ins Bewusstsein, indem Sie in einem stillen Moment die drei folgenden Übungen ausprobieren:

Übung: Sprache gegen Körper

1. Drücken Sie mit Ihrem ganzen Körper Ablehnung aus und sprechen Sie freundlich die Worte «Ich mag Dich!»
2. Lümmeln Sie sich faul auf einen Stuhl und sprechen Sie: «Ich werde Ihren Auftrag sofort erfüllen!»
3. Machen Sie sich klein, zart, unsicher und sagen dabei: «Ich werde Ihnen helfen!»

Versuchen Sie die Widersprüche zwischen Ihrer Sprache und Ihrem körperlichen Ausdruck zu erleben. Er ist kaum zu bewerkstelligen und körperlich schwer auszuhalten – vor allem unser Körper wehrt sich dagegen, denn er ist sozusagen unsere Wahrheitsinstanz.

Achten Sie in der Interaktion mit anderen, wo sich Worte und Körpersprache Ihres Gegenübers nicht decken, und greifen Sie diesen Punkt im Gespräch auf. Fragen Sie nach, wenn Sie einen Widerspruch spüren, und trauen Sie im Zweifel eher Ihrem Gefühl und Ihrer Wahrnehmung und weniger dem Gesagten.

Dieser Grundsatz gilt nicht nur für das Gespräch mit einer einzelnen Person. Er gilt auch für die Arbeit mit Gruppen. Wenn Sie einen Raum betreten, dann nehmen Sie die Atmosphäre darin bewusst war. Überall wo mehrere Menschen zusammenkommen entsteht ein eigenes soziales Klima. Dieses kann beherrscht sein von aktiver Tatkraft, aber auch von Unlust, von Überschwang oder Zögern, von Spaß oder Frustration. Je offener Sie in eine solche Gruppe gehen und je sensibler Sie die Dynamik der Gruppe wahrnehmen, umso erfolgreicher können Sie auf die Gruppe eingehen. Wer je versucht hat ein Arbeitsteam, in dem ein aggressives Klima herrscht, an einen Tisch zu bringen und für ein neues Projekt zu motivieren, der weiß, dass er sein Bemühen zurückstellen muss, bis mögliche Konflikte geklärt sind. Nimmt er die Stimmung nicht wahr und geht sofort zu den Tagesgeschäften über, so ist die damit verbrachte Zeit vergeudet. Seine Anstrengungen werden eher noch zu weiterem Ärger beitragen.

> Effizientes Arbeiten setzt voraus, dass die Führungskraft die Stimmung in einer Gruppe wahrnehmen kann und in der Lage ist, darauf einzugehen. Es ist umso besser möglich, Stimmungen für sein Anliegen zu nutzen bzw. in der Gruppe zu thematisieren, desto sicherer eine Führungskraft ihren eigenen Wahrnehmungen vertrauen kann.

3.2.3 Mit schwierigen Gesprächssituationen umgehen

Kommunikative Kompetenz ist vor allem dann gefordert, wenn aufgrund unterschiedlicher Interessen, Sichtweisen oder Werthaltungen Spannungen zwischen zwei Menschen oder zwischen Gruppen entstehen. Durch inadäquates Konfliktverhalten entstehen häufig Beziehungsstörungen im Unternehmen. Diese Beziehungsstörungen sind emotional besetzt und haben persönliche Verwicklungen zur Folge, die auch in der Zukunft ein konstruktives Zusammenarbeiten und sachliche Lösungen erschweren. Um Reibungsverluste, die durch Spannungen entstehen zu minimieren und gegenteilige Meinungen konstruktiv für die Problemlösung zu nutzen, ist es für eine weibliche Führungskraft wichtig, sich nicht nur mit ihrem eigenen Beziehungs- und Kommunikationsmuster zu befassen und ihre soziale Wahrnehmungsfähigkeit zu nutzen. Sie muss ebenso über Strategien verfügen, mit deren Hilfe sie ihre Stärken zum allgemeinen Nutzen umsetzen kann.

Konfliktsituationen gehören zum Berufsleben und sie treten auf jeder Hierarchieebene auf. Konflikte im Umgang mit Mitarbeiterinnen und Mitarbeitern sind genauso Bestandteile des Führungsalltags wie Probleme in der Zusammenarbeit mit Kolleginnen und Kollegen der gleichen Ebene und mit dem Vorgesetzten. Dabei können Führungskräfte in der Wahrnehmung ihrer Führungsaufgabe auf zweierlei Weisen mit Konflikten konfrontiert werden:

Fall 1: Sie müssen in einem Konflikt zwischen Personen oder Parteien vermitteln.

Als Helferin in der Klärung eines Konfliktes benötigen Sie als Vorgesetzte verschiedene Basisqualifikationen, um im Durcheinander der sprachlichen Botschaften zwischen sachlichen Informationen, Selbstdarstellungen, Beziehungsdefinitionen und Appellen den Überblick zu behalten (vgl. Redlich 1997).

- Sie müssen den Verlauf der Konfliktbearbeitung nachvollziehbar strukturieren können, etwa durch klare Zielabsprachen oder durch das Aufzeigen der nächsten Besprechungspunkte und Klärungsphasen.
- Sie bringen durch Ihre eigene Offenheit, Ihr aufmerksames Zuhören und sensibles Fragen die Konfliktpartner dazu, ihre Interessen und die dahinterliegenden Motive aufzudecken.
- Sie entwickeln gemeinsam mit den Konfliktparteien kreative neue Lösungsmöglichkeiten.
- Sie achten auf sprachliche Fairness der Konfliktpartner und vermeiden dadurch eine Entgleisung des Konfliktes.

Fall 2: Sie sind selbst in einen Konflikt verwickelt.

In dem Fall, dass Sie sich selbst in einem Konflikt mit einer anderen Person (oder einer Gruppe) befinden, empfiehlt sich folgendes Vorgehen:

- *Suchen Sie das Gespräch mit Ihrem Kontrahenten.* Und zwar nicht auf dem Flur, sondern machen Sie einen Termin mit ihm aus und nennen Sie das Problem, das Sie mit ihm besprechen wollen.
- *Legen Sie sich eine Strategie zurecht.* Bereiten Sie sich auf das Gespräch vor, indem Sie sich Ihre Meinung vergegenwärtigen, mögliche Einwände des Partners vorwegnehmen und eine gedankliche Argumentationsliste vorbereiten.

- *Schaffen Sie eine Gesprächsatmosphäre, in der der andere spürt, dass es völlig in Ordnung ist, unterschiedlicher Meinung zu sein.* Ihre Bereitschaft, am Konflikt zu arbeiten, sowie die Betonung der gegenseitigen Abhängigkeit und der gemeinsamen Ziele führt dazu, dass Ihr Gegenüber den Nutzen einer gemeinschaftlichen Lösung des Problems erkennt und sich entsprechend einsetzt.
- *Ermuntern Sie Ihr Gegenüber zum Reden und hören Sie aufmerksam zu.* Über gezieltes Fragen signalisieren Sie Interesse und Entgegenkommen, zugleich wird Missverständnissen vorgebeugt. Nur wenn Sie den Standpunkt Ihres Gesprächspartners verstehen, können Sie darauf eingehen und Ihre eigene Argumentation darauf aufbauen.
- *Bleiben Sie klar und offen.* Formulieren Sie in Sachfragen klar, deutlich und ohne Ihr Gegenüber anzugreifen Ihre Meinung. Vertreten Sie bestimmt Ihre Überzeugung und lassen Sie sich nicht überreden. Lenken Sie erst ein und wechseln Ihre Meinung, wenn Sie von den Argumenten ihres Konfliktpartners wirklich überzeugt sind.
- Orientieren Sie sich an einer möglichen Lösung statt am Problem. Probleme sollen sachlich analysiert werden. Dies bedeutet nicht, dass Emotionen unterdrückt werden müssen. Sie sollen sich nicht gegen den Konfliktpartner wenden, können aber als konstruktive Energien genutzt werden, um Wege aus einem scheinbaren Dilemma zu finden. Das Gesprächsklima ist dann nicht aggressiv; die Partner reagieren weder beleidigt noch frustriert, sondern sie zeichnen sich durch ein hohes Engagement für eine kooperatives Ergebnis aus, welches von beiden Seiten als positiv erlebt wird.

Ein Konflikte gilt dann als konstruktiv bewältigt, wenn folgende Bedingungen erfüllt sind:

1. *Das dem Konflikt zugrundeliegende Problem ist gelöst:* Die Konfliktpartner haben eine neue Lösung gemeinsam erarbeitet und diese erfolgreich in die Tat umgesetzt. Es ist aus diesem Grunde unwahrscheinlich, dass das Problem in dieser Form erneut auftritt.
2. *Die Beziehung der Konfliktpartner ist gestärkt:* Man hat sich näher kennengelernt, versteht den anderen besser, kann Rücksicht auf dessen Interessen und Lage nehmen. Die gemeinsame Überwindung der Konfliktsituation erfüllt sie mit Stolz und stärkt das Vertrauen in die zukünftige Zusammenarbeit.
3. *Die Beteiligten sind mit der Kosten-Nutzen-Relation zufrieden:* Die Partner sind der Meinung, dass Zeit und Aufwand für die Konfliktlösung sinnvoll eingesetzt wurden und können mit dem gemeinsamen erarbeiteten Ergebnis gut leben.

Die hier dargestellte «Jeder-gewinnt-Strategie» der Konfliktlösung hat gegenüber den Alternativen wie der «Einer-setzt-sich-durch-Strategie» oder der «Der Klügere-gibt-nach-Strategie» den Vorteil, dass der Konflikt garantiert aufgearbeitet ist und sich die Beziehung zwischen den «Gegnern» entspannen kann. Sie erfordert aber von den Beteiligten ein hohes Maß an Engagement, Geduld, Selbstdisziplin und Selbsterkenntnis.

Gelungene Kommunikation gerade in spannungsreichen Situationen hängt wesentlich davon ab, ob es den Partnern möglich ist, sich im Gespräch immer wieder von ihren Emotionen zu distanzieren. Dies nicht, um sie zu verdrängen, sondern – im Gegenteil – um deren Ursachen möglicherweise besser zu erkennen. Nur wenn sie Abstand gewinnen können, behalten sie die Gesamtsituation im Blick und laufen nicht Gefahr, sich selbst, den Kontakt zum Gegenüber oder das Thema zu verlieren. Die Klarheit über die eigenen Gefühle, die Wachheit gegenüber der anderen Person und das Bewusstsein des persönlichen Interesses am thematischen Gegenstand müssen während des gesamten Gesprächsverlaufes gegeben sein. So bildet das Ich, der Andere und das Thema, um das sich das Gespräch dreht, eine unauflösbare Einheit.

Diese drei Eckpunkte interpersoneller Kommunikation müssen nicht nur in der eigenen Wahrnehmung präsent sein; vielmehr muss das Dreieck «Ich – Du – Thema» im Verlauf des Gesprächs ständig thematisiert werden. Dazu ist es auch nützlich, das Gespräch selbst zum Gegenstand des Gesprächs zu machen; das heißt, aus einer quasi übergeordneten Perspektive den Gesprächsverlauf zu analysieren, um mögliche Missverständnisse zu beheben und Sackgassen verlassen zu können (Metakommunikation).

Es kann in problematischen Gesprächssituationen nicht darum gehen, um jeden Preis bei der Sache zu bleiben. Wenn Gefühle wie Wut, Enttäuschung oder Verletzung so stark werden, dass sie eine sachliche Auseinandersetzung unmöglich machen, so müssen diese thematisiert werden.

Am sinnvollsten geschieht dies in sogenannten «Ich-Botschaften». Das sind Sätze, die etwas über das Befinden und die Wahrnehmung des Redners mitteilen und sich ausschließlich auf die unmittelbare Situation beziehen. Solche Botschaften schließen Abwertungen des Gesprächspartners aus, werden weniger als Schuldzuweisung empfunden und haben den Vorteil, dass der Angesprochene direkt darauf reagieren kann.

Solcherart offenes und konsensorientiertes Gesprächsverhalten sorgt dafür, dass sich keine (zusätzliche) Grenze aufbaut; dem Gegenüber wird sozusagen die Hand gereicht mit dem Ziel, dass es von sich aus einen Schritt in Richtung einer gemeinsamen Lösung tut.

Konfliktorientiertes Gesprächsverhalten:	Konsensorientiertes Gesprächsverhalten:
• Abwertendes Widersprechen • Vorwürfe und Belehrungen • Ständige Rechtfertigung • Suggestivfragen • Beharren und Behaupten • Rechthaberei und Pochen auf die eigene Überlegenheit • Tricksen und die Schwächen des anderen ausnützen • Nur auf den eigenen Vorteil bedacht sein • Provozieren, ignorieren, ironisieren	• Die eigenen Interessen darlegen • Offen fragen • Zum Erzählen anregen • Aufmerksam zuhören und die wahrgenommenen Interessen, Wünsche und Gefühle wiedergeben • Das Verstandene mittels Ich-Botschaften rückmelden • Den Partner respektieren und wertschätzend behandeln • Kompromisse sehen, prüfen und dann evtl. akzeptieren • Den Nutzen für den Partner herausstellen

Konflikte sind nur dort schädlich, wo sie nicht angesprochen werden. Unklare Beziehungen vergiften das Arbeitsklima und erschweren die kollegiale Zusammenarbeit.

Gerade weibliche Führungskräfte, die ihre Macht als Aufgabe begreifen und bereit sind, Verantwortung für den Erfolg des Teams und für ihre einzelnen Mitarbeiterinnen und Mitarbeiter zu übernehmen, sollten die weibliche Stärke im Dialog als wertvolles Potential im Umgang mit Menschen erkennen.

Frauen sind im privaten Umgang häufig ausgezeichnete Gesprächspartnerinnen, die geduldig zuhören, die aufmerksam sind und die richtigen Fragen stellen und die sich gerne mitteilen. Die Elemente dieser privaten Gesprächskultur sind nützlich für eine erfolgreiche und vertrauensvolle Interaktion im Beruf und dürfen keinesfalls einem pseudosachlich-egolastigen Sprachstil geopfert werden.

4. Gleichgewicht: Was macht mir Druck und wie schütze ich meine Gesundheit?

4.1 Herausforderung oder Belastung

4.1.1 Der gestresste Manager

Die männliche Arbeitsethik vermittelt den Berufstätigen das Bild vom Manager, der sich – seiner beruflichen Verantwortung bewusst – unermüdlich und ohne Rücksicht auf die eigenen Bedürfnisse für seine Aufgabe einsetzt. Er darf nicht rasten und nicht ruhen, sein Ehrgeiz muss unstillbar und sein Engagement grenzenlos sein. Die äußeren Zeichen dieses Einsatzes sind ein voller Terminplaner, ein hoher Blutdruck und die soziale Isolation des «Spitzenmannes».

> Die ruinöse und halsbrecherische Jagd nach beruflicher Anerkennung um jeden Preis kann mittlerweile immer weniger mit Bewunderung rechnen. Junge Männer und Frauen sind nicht mehr bereit, sich aufzuopfern auf dem Altar des Ruhmes.

Sie haben eine neue Einstellung zum Leben und zu ihrer Berufstätigkeit. Beruf *oder* Familie, Erfolg *oder* Gesundheit, Anerkennung *oder* Lebenslust sind für sie keine Alternativen. Sie suchen die kreative Verbindung der verschiedenen Aspekte ihres Daseins. Nicht nur, dass sie im Augenblick mit ihrer individuellen Gestaltung von Freizeit und Beruf zufrieden sein wollen; nein: sie wollen ihre Leistungsfähigkeit und Lebensfreude auch in zwanzig oder dreißig Jahren noch spüren. Übermäßiger Stress ist in ihren Augen kein Statussymbol, sondern ein Zeichen inneren Getriebenseins und seelischer Armut.

Besonders Frauen streben die Einheit von Kopf, Herz und Hand an. Sie wollen im Einklang mit ihren Wünschen und Bedürfnissen leben. Gesundheit und körperliches Wohlbefinden sind nicht Geschenke der Natur, die grenzenlos zur Verfügung stehen oder eine Glückssache, die der eine hat und der andere eben nicht. Sie haben erkannt, dass sie selbst verantwortlich für ihr Befinden sind und dass psychische Ausgeglichenheit, mentale Klarheit und physische Energie die Bedingungen für ein positives Arbeits- und Lebensgefühl sind.

Innere Harmonie ist die Grundlage für effektives Handeln und wird erst möglich durch die Lockerung des Korsetts von inneren Zwängen und äußeren Pflichten. Die wichtigsten Voraussetzungen sind dabei ein liebevoller und achtsamer Umgang mit sich selbst und eine gewisse Gelassenheit im Umgang mit Forderungen von außen.

4.1.2 Der Mythos vom stressfreien Leben

Was ist Stress? Seit vielen Jahrzehnten setzen sich die Experten mit den verschiedenen Formen von Stress auseinander und versuchen die Mechanismen des Stresserlebens aufzudecken. «Stress» erscheint aber als schwierig zu fassendes Phänomen und zuverlässige Aussagen lassen sich wenige ableiten. Sicher ist: Stress ist so alt wie die Menschheit selbst. Er gehört zum Leben; man kann sagen: Stress ist Leben. Auf die Welt zu kommen ist Stress; sich darum zu kümmern, dass der eigene Hunger gestillt wird, ist Stress; sich das Dach über dem Kopf zu sichern, sich gegen Angreifer zu wehren und sich für die eigene Sippe einzusetzen ist Stress.

In diesem weiten Sinne des Begriffs wird Stress verstanden als Spannung, als Anforderung, als Beanspruchung, die in bestimmten Situationen entsteht und unser Aktiv-werden herausfordert. Forderungen können von anderen Menschen, von konkreten Umweltbedingungen oder von der eigenen Person ausgehen. Sie sind ein Kennzeichen für den lebendigen Austausch mit der konkreten Lebenswelt.

Heute wird mit dem Begriff «Stress» auf die negativen Auswirkungen von *Über*forderung und *Über*lastung hingewiesen. «Ich habe Stress» kann bedeuten: «Ich fühle mich müde», «Ich bin traurig», «Ich habe keine Lust mehr», «Ich kann nicht mehr» – immer sind es aber negative Verbindungen, die hergestellt werden.

Die Folge des allgegenwärtigen Klagens ist der Wunsch nach einer stressfreien Zone – oder lieber gleich: nach einem stressfreien Leben. Mit dieser Sehnsucht werden Bilder von paradiesischen Verhältnissen verknüpft und eine Utopie entworfen, die ohne Eile, ohne Konflikte und ohne Zwänge ein Leben in beständiger Harmonie sichern soll. Dabei wird vergessen, dass Lebensharmonie ein labiles Gleichgewicht beschreibt, welches immerfort neu hergestellt werden muss. Handelte es sich um ein stabiles Gleichgewicht, so würde keine Bewegung mehr stattfinden, es herrschte absolute Ruhe –

kein Leben, sondern Tod. So wie Licht und Dunkel erst den ganzen Tag aus-
machen, wird die lebendige Ganzheit des menschlichen Daseins von den
Polen Gesundheit und Krankheit, Freude und Schmerz, Anspannung und
Entspannung notwendig bestimmt.

Das Verharren in einer Phantasie, die vorgaukelt, ein stressfreies Leben sei
möglich und erstrebenswert, bewirkt insofern wiederum Stress, als es dazu
führt, dass Personen versuchen, Stress auszuweichen anstatt ihm zu begegnen, ihn zu verleugnen anstatt ihn wahrzunehmen – oder aber dass sie, im
Gegensatz dazu, überall Stressfaktoren wittern, alltägliche Herausforderungen als übermäßige Belastungen erleben und in den großen Chor der Stress-
klagenden einstimmen.

> Stressauslösende Faktoren verlangen danach, die innere Balance wiederherzu-
> stellen, welche durch einen äußeren Reiz aus dem Gleichgewicht gebracht
> wurde.

Kältereize beispielsweise lassen uns frieren, sie bewirken körperliche Reaktionen wie Zittern und Gänsehaut. Sie bringen uns dazu, zu handeln und die
unangenehme Situation zu beenden, indem wir etwa das Fenster schließen
oder eine Jacke anziehen. Allerdings zählen nicht nur unangenehme Empfindungen oder Situationen zu den stressauslösenden Faktoren, sondern auch
positive Ereignisse verlangen eine Anpassung des Körpers und gelten insofern ebenfalls als Stressfaktoren.

Es kann nun nicht unser Ziel sein, Stress in jedem Falle auszuschalten. Es
muss vielmehr darum gehen, sich die verschiedenen Formen von Stress
bewusst zu machen, um ihre Auswirkungen besser einschätzen zu können
und die Kräfte für adäquate Strategien des Umgangs mit belastenden Situationen zu mobilisieren.

4.1.3 Formen und Wirkungen von Belastung

Gemeinhin werden Belastungsphänomene einer der beiden Formen des
Stress zugeordnet: entweder dem positiven Eustress, der als Herausforderung
gewertet wird oder einem eher negativ erlebten Belastungszustand, genannt
Distress. Der Unterschied zwischen Herausforderung und Belastung liegt im
Erleben des Subjektes.

Es existiert kein objektiver Maßstab dafür, was als positiver oder negativer
Stress zu werten sei, weil jeder Mensch anders reagiert. Was für den einen
gerade Ansporn ist und einen Spannungszustand hervorruft, der ihn in seiner
Arbeit beflügelt und erst zu seinem wirklichen Wohlbefinden beiträgt, kann
für den anderen zuviel Druck bedeuten und seine Aktivitäten behindern.

Stressempfinden ist aber kein Schicksal, denn für das Individuum beinhaltet gerade diese Abhängigkeit vom individuellen Erleben eine Chance. Jede Person kann die Auswirkungen von Stress bis zu einem gewissen Maße selbst beeinflussen und sich mit ihrem persönlichen Stresserleben auseinandersetzen, indem sie sich selbst beobachtet und ihre Reaktionen hinterfragt.

Ihr Augenmerk wird dabei sicherlich dem negativen Stress gelten, denn nur langanhaltender Distress ruft jene negativen Wirkungen hervor, die wir alle fürchten.

Der menschliche Körper ist von seiner biologischen Anlage her so eingerichtet, dass es in akuten Stresssituationen zu vorhersagbaren physiologischen Reaktionen kommt. Dazu zählt die Ausschüttung der beiden Hormone Adrenalin und Noradrenalin, die lösungsorientiertes Denken begünstigen und Energie für rasches und zweckmäßiges Handeln bereitstellen, indem sie Herzfrequenz, Blutdruck und Blutzuckerspiegel ansteigen lassen sowie die Atmung und damit die Sauerstoffaufnahme beschleunigen. Die allgemeine Leistungsfähigkeit steigt und das Individuum kann sich entweder der Bedrohung stellen und kämpfen oder aber die Flucht antreten. Ist die Gefahr vorbei, kehrt der Organismus in seinen Ruhezustand zurück und verlangt darüber hinaus eine Phase der Erholung, um das Gleichgewicht zwischen Anspannung und Entspannung wieder herbeizuführen. Alles in allem ein zweckmäßiger physiologischer Prozess, der keinen Anlas zur Sorge geben muss.

Allerdings halten sich existentielle Bedrohungen in der gegenwärtigen Kultur des Arbeitslebens in Grenzen. Die Stressoren sind subtil und die gesellschaftliche Konvention verbietet den Betroffenen, die Situation mittels körperlicher Auseinandersetzung oder durch Flucht zu klären. Auf die Phase der Anspannung folgt keine Entspannung, vielmehr folgt darauf meist schon die nächste Herausforderung. Die Folge ist, dass aus dem akuten Alarmzustand ein Daueralarm wird.

Der Körper versucht sich an die Belastung anzupassen und mobilisiert seine Reserven, um mit der Situation fertig zu werden. Dazu werden wiederum spezifische Hormone freigesetzt, nämlich die Kortikosteroide. Sie sollen als «Notstandshormone» die Kraft für den Widerstand gegen den andauernden Druck garantieren, indem sie die Vitalfunktionen des Organismus auf ein Mindestmaß drosseln, welches zwar das Überleben sichert, zugleich aber keine unnötigen Energien verbraucht.

Die Folge dieser stressbedingten «Sparmaßnahmen» sind vielseitig und von weiteren Faktoren abhängig. Zu den typischen körperlichen Symptomen zählen etwa Kopfschmerzen, Magen-Darm-Störungen, Schlafprobleme, und eine erhöhte Infektanfälligkeit infolge der Drosselung des Immunsystems. Langfristig können sich chronische Funktionsstörungen des Herz-Kreislaufsystems, Magengeschwüre oder Allergien einstellen. Auch die seelisch-geistige Verfassung des Betroffenen wird in Mitleidenschaft gezogen: Konzentrationsschwierigkeiten, Angst, emotionale Labilität und Gereiztheit sind Alarmzeichen und führen langfristig in die soziale Isolation und in das berufliche Abseits und verstärken ihrerseits die gesundheitlichen Probleme.

Dieser beschriebene Prozess verläuft nicht plötzlich, sondern zieht sich in der Regel über einen langen Zeitraum hin. Zu Beginn einer belastenden Phase werden die Stresssymptome meist noch gar nicht als solche wahrgenommen. Für die Erkältung, die einfach nicht verschwinden will, finden sich genügend andere Erklärungen, der unruhige Schlaf wird mit der Matratze zusammenhängen und die Magenprobleme hat man wahrscheinlich vom Vater geerbt. Erst wenn sich die Beschwerden summieren oder manifeste Krankheitssymptome auftreten, wird man innehalten, vielleicht weil man selbst bemerkt, dass man sich in einem Teufelskreis befindet – vielleicht aber auch, weil eine andere Person uns darauf hinweist, dass etwas in unserem Leben nicht rund läuft. Nach einzelnen Stresstagen mögen sich Erschöpfung und Lustlosigkeit einstellen. Hält dieser Zustand aber über Wochen und Monate an, so werden sich die Energiereserven aufbrauchen. Das gefürchtete «Burnoutsyndrom» kann eine mögliche Folge sein, ein psychovegetativer Zusammenbruch oder eine körperliche Erkrankung eine andere.

Wenn man den negativen Auswirkung übermäßiger beruflicher Belastung entgehen will, so muss es also ein Ziel sein, die Anzeichen der eigenen Überforderung möglichst früh zu erfassen. Noch besser allerdings wäre es, der Stressbelastung zuvorzukommen, indem wir den inneren «hausgemachten» Stress minimieren und lernen, uns gegen den von außen an uns herangetragenen Druck zu wappnen, damit er erst gar nicht seine nachteiligen Wirkungen entfalten kann.

4.1.4 Was macht Stress?

Wohlbefinden ist ein Balanceakt. Es geht darum, zwischen Anspannung und Entspannung, zwischen Belastung und Bewältigung, zwischen Sollen und Wollen ein Gleichgewicht herzustellen.

Im Falle eines momentanen Ungleichgewichtes wird sich schlechte Laune einstellen, Unwohlsein oder Lustlosigkeit entstehen. Das Erleben von Stress deutet aber auf ein anhaltendes Ungleichgewicht hin:

- Dieses Ungleichgewicht kann in mir selbst liegen, etwa wenn ich an einer Entscheidung festhalte, von der ich inzwischen weiß, dass sie falsch war.

- Das Ungleichgewicht kann aber auch in der Beziehung mit anderen auftreten, möglicherweise in Form von Konkurrenz oder Misstrauen am Arbeitsplatz.
- Und nicht zuletzt kann auch die Balance zwischen einzelnen Lebensbereichen gestört sein und verloren gehen. Dies ist der Fall, wenn beispielsweise der Beruf den privaten Lebensbereich schluckt und dadurch kein Ausgleich mehr stattfinden kann.

Bevor wir daran gehen können, die gestörte Balance wiederherzustellen, Stresssymptome abzubauen oder die Entstehung von Überlastungssymptomen zu durchbrechen, muss zunächst geklärt werden, welches unsere persönlichen Stressoren sind.

Zu unterscheiden sind:

1.) die Stressfaktoren, die von außen an uns herantreten, und
2.) die inneren Stressoren, die uns Druck machen.

Zu 1.) Die Stressforschung beschäftigt sich heute weniger mit kurzfristigen Belastungsfaktoren, sondern richtet ihr Augenmerk auch auf die Veränderungen im Leben einer Person. Biographischer Wandel kann Menschen aus ihrem Gleichgewicht bringen, von ihnen Anpassungsleistungen erzwingen und aus diesem Grunde ebenfalls als Belastung erfahren werden. Unter dem Begriff «kritische Lebensereignisse» werden nicht nur negative Vorkommnisse, sondern generell Veränderungen zusammengefasst, die unterschiedliche Belastungspotentiale beinhalten und sich über die Lebenszeit summieren. Hierzu gehören zum Beispiel der Tod eines Partners, Arbeitslosigkeit, Umzug, Heirat, Scheidung etc. Negativer Stress entsteht besonders dann, wenn diese kritischen Lebensereignisse kurz hintereinander auftreten, ohne dass die Person in der dazwischen liegenden Zeit dazu kommt, das Erlebte zu verarbeiten und ihre Kräfte neu zu sammeln.

Zu diesen biographisch bedeutsamen Ereignissen und Veränderungen, kommen nun jene Stressauslöser hinzu, die in der einzelnen (Arbeits-)Situation begründet sind.

Stressauslösende Faktoren am Arbeitsplatz

Physikalisch-organisatorische Stressoren:

- Lärm, Unruhe
- Hitze, Kälte
- falsche Beleuchtung
- Nachtarbeit, Überstunden

Psychosoziale Stressoren:
- Über- oder Unterforderung
- soziale Spannungen
- mangelnde Anerkennung
- das Gefühl von Sinnlosigkeit
- Störungen
- geringe Planbarkeit der eigenen Tätigkeit wegen unvorhersehbarer Ereignisse und unerwarteter neuer Aufgaben
- übermäßiger Zeitdruck

Zu 2.) Ein negativ erlebter Stresszustand muss von keinem der bisher genannten Faktoren zwingend ausgehen. Erst wenn die Anforderungen der Umwelt nicht mehr mit den persönlichen Möglichkeiten der Bewältigung übereinstimmen und dieses Missverhältnis von der Person negativ wahrgenommen wird, wird Distress entstehen.

Den äußeren Stressoren stehen individuelle Gewohnheiten gegenüber, die negativen Stress verstärken können, wie beispielsweise die Angewohnheit, dringende Arbeiten bis zum letzten Moment aufzuschieben, so dass Zeitdruck entsteht.

Zudem hängt die Entstehung von Stressgefühlen mit sozial erlernten Verhaltensmustern zusammen, die häufig an die Geschlechterrollen gebunden sind (z. B. das Gefühl permanenter Verantwortlichkeit für alles und jeden bei vielen Frauen).

Auch Selbstbilder und innere Überzeugungen können die persönlichen Möglichkeiten, mit Druck umzugehen, torpedieren und den Prozess der Stressentstehung beschleunigen. Diese verinnerlichten und meist unbewussten Überzeugungen wirken als Verbote («Du darfst nicht…») oder als Gebote («Du musst…»). Sie haben häufig das Ziel, die eigene Person zu kontrollieren und sie in ein gesellschaftliches Schema einzupassen, von dem wir annehmen, dass es positiv sei. Die inneren Vorschriften schlucken einen großen Teil der individuell zur Verfügung stehenden Energie. Sie bilden einen hervorragenden Nährboden für die Entstehung von Stress.

4.2 Balanceakt: Spannung und Entspannung

4.2.1 Die Pflege des inneren Klimas

Die Möglichkeiten, sich gegen äußere Stressfaktoren zu schützen, sind eingeschränkt. Zwar kann und sollte jeder Arbeitnehmer versuchen, sein direktes Arbeitsumfeld so zu gestalten, dass möglichst wenig negative Wirkungen davon ausgehen, doch seine Freiheiten sind nicht grenzenlos. Dennoch: man kann mehr erreichen, als viele zunächst glauben – und handeln ist allemal besser als stillhalten.

Leichter erscheint es, daran zu arbeiten, etwas am persönlichen Umgang mit Stress zu verändern und inneren «hausgemachten» Stress zu minimieren. Ein erster Schritt in diese Richtung ist es, sich dadurch Erleichterung zu verschaffen, dass man seine einschränkenden oder antreibenden Gedankenmuster überprüft (vgl. Berckhan 1997).

«Ich darf …» statt «Ich muss …»:

- Ich darf Gefühle haben und sie anderen zeigen. Sie sind nicht falsch oder richtig, sondern einfach da.
- Ich darf Wünsche und Bedürfnisse haben und sie äußern. Ich kann mich für ihre Befriedigung einsetzen und andere bitten, etwas für mich zu tun.
- Ich darf nein sagen und anderen eine Bitte abschlagen. Es ist in Ordnung, mich nicht für die Probleme anderer zuständig zu fühlen.
- Ich darf mich irren und Fehler machen. Daraus kann ich lernen und mich weiterentwickeln.
- Ich darf mich freuen und stolz auf meine Leistung sein. Albern sein und Spaß haben gehören zu meinem Leben.
- Ich darf mir Zeit lassen und mein eigenes Tempo leben. Ich kann Pausen machen und nichts tun.
- Ich darf neugierig und wissbegierig sein. Fragen sind dazu da, etwas besser zu verstehen.
- Ich darf Neues und Unbekanntes ausprobieren. Meine eigenen Erfahrungen sind wichtig.
- Ich darf meine Meinung vertreten und sagen was ich denke. Meine Ansichten können sich ändern, weil ich mich weiterentwickle.
- Ich darf mich behaupten, aber auch schwierigen Situationen aus dem Weg gehen.

Niemand zwingt uns dazu, an übernommenen Glaubenssätzen festzuhalten. Es ist eine enorme Befreiung, wenn es gelingt, innere Vorschriften durch Erlaubnisse zu ersetzen. Die innere Freiheit wirkt als Schutzfaktor gegen Frust und inneren Ärger, sie verhütet ein Ignorieren emotionaler Bedürfnisse und bereitet den Boden für die Erfahrung von Sinnhaftigkeit und Freude. Die Akzeptanz eigener Schwäche zeugt von Stärke und nimmt stressauslösende Angst. Das Erleben und Zulassen von Gefühlen wie Wut und Trauer baut innere Spannung ab.

Frauen haben hier einen großen Vorsprung gegenüber den Männern. Sie haben leichteren Zugang zu ihrem persönlichen Befinden und sind näher an ihren Gefühlen. Voraussetzung hierfür ist allerdings, dass sie sich nicht freiwillig dem männlichen Managermythos unterordnen und klaglos dem frühen Herzinfarkt entgegeneilen.

4.2.2 Sensibilität: Ganz nah am eigenen Körper

Wenn Männer sich selbst als gestresst bezeichnen, so verwenden sie dieses Wort häufig wie eine Trophäe und sind kaum in der Lage, den Begriff mit persönlichem Empfinden zu füllen.

> Frauen verwenden den Begriff «Stress» selten. Sie versuchen das diffuse Erleben von negativer emotionaler Befindlichkeit und körperlicher Wahrnehmung zu differenzieren und benennen konkrete Auswirkungen ihrer beruflichen Belastung: sie haben Kopfschmerzen, weil …; sie sind demotiviert, weil … .

Frauen sind häufig sehr körperorientiert. Das Wahrnehmen körpereigener Rhythmen, die in der Natur des weiblichen Körpers begründet sind, und mögliche Erfahrungen im Zusammenhang mit Schwangerschaft, Geburt und Stillzeit verweisen Frauen immer wieder auf ihre eigene Körperlichkeit. Aber auch die strenge gesellschaftliche Vorgabe von Schönheit und Jugendlichkeit, die vor allem für das weibliche Geschlecht gilt, führt dazu, dass Frauen sich mit ihrem Körper beschäftigen und diesen zunehmend besser kennenlernen.

Die körperbezogene Sensibilität, die Frauen auf ihrem Lebensweg erwerben, können sie nicht nur in der Interaktion mit anderen nutzen, sondern sie hilft den Frauen auch, sich selbst, ihre Belastungsgrenzen und -reaktionen sensibler wahrzunehmen. Um dieses Potential in der Hektik des beruflichen Alltags zu nutzen, ist es von Vorteil, wenn sie den raschen Zugang zur eigenen Befindlichkeit schulen.

> Eine Methode, die Ihre Sinne für das Erleben des eigenen Körpers schärfen kann, nennt sich «Focusing». Ohne hier näher auf die Hintergründe dieses Ansatzes eingehen zu können, möchte ich Sie dennoch mit einer einführenden Übung bekannt machen, die Sie, wann immer Sie das Gefühl haben, engeren Kontakt zu Ihren Gefühlen und zu Ihrem körperlichen Befinden zu brauchen,

durchführen können. Dazu ist es notwendig, Abstand zum Alltagsbewusstsein zu schaffen und den «inneren Beobachter» zu aktivieren.

Übung I: Die Reise durch den Körper

Legen Sie sich bequem auf den Rücken, schließen Sie die Augen und lassen Sie Ihren Atem ruhig fließen. Wenn Sie zur Ruhe gekommen sind, lenken Sie Ihre Aufmerksamkeit auf jene Bereiche Ihres Körpers, wo dieser Kontakt mit der Unterlage hat. Beginnen Sie mit der rechten Gesäßhälfte und wandern Sie dann gedanklich über die Auflagefläche des Oberschenkels, des Knies und der Wade hinab zum rechten Fuß. Verharren Sie mit Ihrer Wahrnehmung an jeder Stelle für einige Momente und spüren Sie, was Ihnen an Empfindungen von dieser Stelle entgegenkommt. Verfahren Sie anschließend genauso mit Ihrem linken Bein. Lassen Sie sich Zeit. Gehen Sie dann gedanklich wieder zu Ihrem Becken und leiten von dort aus Ihre Aufmerksamkeit auf die Auflagefläche des ganzen Rückens. Von dem Erspüren des rechten Schulterblattes gehen Sie in Gedanken hinab über den Oberarm, den Ellbogen, den Unterarm bis zur rechten Hand. Anschließend wandern Sie ebenso durch Ihren linken Arm. Zurück zu den Schulterblättern und hinauf zur Berührungsfläche zwischen Hinterkopf und Unterlage. Verharren Sie hier und lassen Sie alle Spannungen von dieser Stelle in den Boden hineinfließen. Nach einem weiteren Moment der Ruhe, ziehen Sie die Fußspitzen maximal in Richtung Knie, spannen Sie die Bein- und Po-Muskulatur an, ballen Sie die Fäuste und strecken Sie die Ellbogen. Halten Sie die maximale Ganzkörperspannung für einen Atemzug. Lassen Sie dann die Spannung im ganzen Körper los und öffnen Sie die Augen.

Wenn Sie schon etwas Übung in Körperwahrnehmung haben, können Sie es vor allem in Stressphasen oder vor kritischen Situationen mit folgender Übung versuchen.

Übung II: In den Körper hineinschauen

Nehmen Sie eine bequeme Position ein, schließen Sie die Augen und lassen Sie Ihren Atem ruhig fließen. Wenn Sie zur Ruhe gekommen sind, schauen Sie in Ihren Körper hinein und nehmen Sie einfach wahr, welche Empfindungen gerade auftauchen. Nach einer Weile gehen Sie gedanklich in die kritische Situation und stellen sich vor, wie sie sich abspielen könnte (oder abgespielt hat). Achten Sie dabei auf die Resonanz in Ihrem Körper und nehmen Sie mögliche Veränderungen in Ihrem Innern wahr. Auftauchende Begriffe oder Bilder halten Sie fest und nehmen Sie in Ihr Alltagsbewusstsein mit. Sie können Ihnen helfen, spezifischen Belastungsfaktoren und -reaktionen auf die Spur zu kommen.

Ihre Körperbezogenheit und das Bewusstsein, dass physisches und psychisches Geschehen nicht zu trennen ist, lässt Frauen im allgemeinen die Zusammenhänge zwischen Krankheit bzw. Gesundheit und geistig-seelischer Belastung schneller erkennen. Dadurch sind sie auch in der Lage, bei Stresssymptomen rasch und flexibel zu handeln, um das in ihrer Macht

Stehende zu tun, um eine Situation so zu verändern, dass sie ihren eigenen Bedürfnissen besser entspricht.

Stress entsteht, wo sich negative Belastungen unbemerkt summieren können. Um Stress zu vermeiden, ist es notwendig, dass Sie erspüren, wo Stressoren lauern und wie sie wirken. Nutzen Sie außerdem Ihre Sensibilität dafür, erste körperliche Hinweise und Warnsignale zu erkennen und zu deuten! Auf der Spur der eigenen Energie – überlegen Sie:

Wann fällt mir die Arbeit am leichtesten? Zu welchen Zeiten habe ich mein persönliches Hoch und wann meinen Tiefpunkt?

_____

_____

_____

_____

Ihr biologischer Tagesrhythmus strukturiert Ihren Arbeitstag in Phasen hoher Leistungsfähigkeit und in Phasen von Leistungstiefs. Es ist von großem Gewinn, wenn Sie Ihre individuelle Leistungskurve kennen und akzeptieren, um Ihre Tätigkeit entsprechend einteilen zu können.

Welche Auswirkungen haben meine täglichen Gewohnheiten auf meine Energiereserven?

_____

_____

_____

_____

Unter Umständen hilft es Ihnen schon, morgens zehn Minuten früher am Arbeitsplatz zu erscheinen, um Ihren Tag ruhig angehen zu lassen. Wenn Ihnen die Unruhe durch Ihre Kollegen zu schaffen macht, überlegen Sie, ob Sie Ihre Arbeitszeiten anders wählen können und dann arbeiten, wenn andere schon wieder gehen. Nutzen Sie Ihre Sensibilität auch dafür, zu erspüren, welche Wirkungen bestimmte Nahrungs- und Genussmittel auf Ihre Energie haben (Macht Sie Kaffee wirklich munter?). Überlegen Sie sich, wie Sie sich nach einem schweren Mittagessen fühlen. Könnte Ihre Müdigkeit auch von einer zu hohen Raumtemperatur herrühren?

Persönliche Stressreaktionen – beobachten Sie sich:

Wenn ich eine schwierige Aufgabe bekomme, die ich innerhalb kurzer Zeit lösen muss, wie fühle ich mich dann?

_____

_____

_____

_____

Gehen Sie ohne irgendwelche Gefühlsreaktionen und körperliche Veränderungen sofort und konzentriert an die Arbeit? Bekommen Sie Herzrasen, fangen Sie an zu zittern oder zu schwitzen? Sind Sie verwirrt und drehen sich in Ihrem Kopf die Gedanken? Erleben Sie Gefühle wie Mutlosigkeit oder Ärger? Die Beantwortung solcher Fragen erlaubt Ihnen zu erkennen, auf welcher Ebene Sie am stärksten auf Belastung reagieren: auf der körperlichen Ebene, im Denken oder im Fühlen. Obwohl Körper, Geist und Seele immer zusammenwirken und nur analytisch zu trennen sind, äußert sich Belastung unterschiedlich. Bleiben Sie also wachsam, registrieren Sie Veränderungen auf allen Wahrnehmungsebenen und nehmen Sie Signale jener Ebene besonders ernst, auf der Sie am stärksten auf Belastung reagieren. Diese Zeichen sind Ihre persönlichen Alarmsignale, weil Sie Ihnen zeigen, wenn es irgendwo zuviel wird.

Langfristige Belastungen führen immer zu körperlichen Symptomen. Um Ihr persönliches Körperreaktionsmuster zu erkennen, setzen Sie sich mit folgenden Fragen auseinander:

Welche Krankheiten hatte ich bis heute? Habe ich körperliche Schwachpunkte, die mir im Verlauf meines bisherigen Lebens immer wieder Beschwerden machen? Lassen sich Muster erkennen und Zusammenhänge zu den jeweiligen Lebenssituationen herstellen?

_____

_____

_____

_____

Ähnliche Fragen stellt die psychosomatische Medizin. Sie begibt sich damit auf die Spur von ignorierten emotionalen Bedürfnissen, die auf der körperlichen Ebene als Störungen ihren Ausdruck finden. Wenn Ihnen öfter einmal eine Aufgabe «schwer im Magen liegt» oder Ihr Vorgesetzter Ihnen «im Nacken sitzt» oder Sie immerfort «die Zähne zusammenbeißen» müssen, oder wenn Sie einfach «nicht mehr hinschauen können», dann können Ihnen auch diese wiederkehrenden Äußerungen wertvolle Hinweise auf für Sie typische körperliche Reaktionsmuster geben.

4.2.3 Achtsamkeit

Achtsamkeit bedeutet, sich *in acht nehmen* und *auf sich achten.* Im Zusammenhang mit Stress bedeutet es: sich in acht nehmen vor Überbelastung und auf das eigene Wohlbefinden achten. Achtsamkeit hat mit Verantwortung zu tun. Indem wir unser Befinden wichtig nehmen und dafür sorgen, dass es uns gut geht, übernehmen wir aktive Verantwortung und können nicht zum Spielball fremder Kräfte werden.

> Frauen haben meist eine ausgesprochen feine Sensibilität für das eigene Befinden. Sie können viel eher spüren, wo ihre persönlichen Grenzen liegen als Männer, die von klein auf dazu erzogen wurden, keine Schwäche zu zeigen.

Wer immer stark sein muss, verlernt irgendwann auf seine innere Stimme zu hören und die Signale des Körpers zu deuten. Selbst wenn diese so fordernd werden, dass sie ins Bewusstsein treten, verbietet das Bild vom «richtigen Mann», diese anzunehmen und sich um sie zu kümmern.

Frauen kümmern sich. Sie kümmern sich um ihre Männer, um ihre Kinder und um ihre Eltern. Sie haben die Sensibilität und das Potential, sich auch um sich selbst zu kümmern – wenn sie sich zugestehen, dass sie es dürfen.

Menschen reagieren sehr unterschiedlich auf übermäßige Belastungen. Dennoch lassen sich mindestens drei typische Muster ausmachen, wie Personen mit Stresssituationen und Dauerstress umgehen:

- Da gibt es den «Kämpfer»; er entspricht häufig dem männlichen Stereotyp. Seine Maxime lautet: «Durchhalten um jeden Preis!» Der einmal eingeschlagene Weg muss beibehalten, die einmal angenommene Rolle muss ausgefüllt werden. Das Aufrechterhalten des eigenen glanzvollen Bildes ohne jeden Schatten ist jedoch ein eigener Stressfaktor und das Verdrängen von vermeintlich dunklen Stellen birgt zusätzliche Gefahr. Der endgültige, scheinbar überraschende Zusammenbruch ist unvermeidbar.
- Ein zweites häufig anzutreffendes Muster, mit Stress umzugehen, ist die Flucht. Fliehen kann man auf verschiedene Weise. Man kann vor übermäßiger Herausforderung in eine Krankheit fliehen und so einer weiteren Beanspruchung von außen entgehen. Die Flucht in die Sucht ist eine weitere Möglichkeit, das Gefühl von Überforderung zu dämpfen. Sie ist die häufigste Form des Bewältigungsversuches und beginnt bereits bei übermäßigem Nikotin- oder Koffeingenuss und endet im Alkoholismus oder in der Tablettenabhängigkeit. Die für kurze Zeit erreichte Betäubung unangenehmer Empfindungen kostet allerdings die berufliche Leistungsfähigkeit und fordert langfristig einen hohen gesundheitlichen Preis.

- Eine letzte Strategie, dem (beruflichen) Druck zu entkommen, ist das «Totstellen». Die Stillhaltestrategie nach dem Motto: «Ich bin gar nicht vorhanden!» zeigt sich, indem sich die Person keinem Konflikt stellt, sich selten äußert und versucht möglichst unauffällig zu bleiben. Diese Form der inneren Kündigung führt dazu, dass das berufliche Leistungsvermögen sinkt und der Betroffene sozial vereinsamt. Spaß und Kontakt, die als Schutzschilder gegen beruflichen Stress wirken können, gehen vollends verloren, und der weiteren Stressbelastung ist Tür und Tor geöffnet.

Wir sehen, dass keiner der dargestellten Versuche, Stress zu minimieren oder zu ertragen, langfristig Sinn macht, da sie allesamt mehr schaden als nutzen.

Machen Sie sich bewusst, dass es nicht nur in Ihrem persönlichen Interesse liegt, wenn Sie sich um Ihr Wohlbefinden kümmern und einer möglichen Überlastung früh entgegentreten. Nur wenn es Ihnen gut geht, kann Ihre Leistung am Arbeitsplatz gut sein. Gesundheit und Zufriedenheit sind kein Privatvergnügen, sondern nutzen im selben Maße, wie sie *Ihnen* nutzen, auch Ihrem Arbeitgeber. Das Unternehmen, welches Ihre Fehler, die durch Überlastungssyndrome passieren, auffangen muss, welches im Falle Ihres stressbedingten inneren Rückzugs oder im Krankheitsfall Ausgleich finden muss, trägt eine schwere Last. Sie müssen kein schlechtes Gewissen haben, wenn Sie für sich sorgen und auf belastende Faktoren aufmerksam machen.

Überlegen Sie sich:

Wie muss der Raum aussehen, in dem ich optimal arbeiten kann? Wie kann ich meinen Arbeitsplatz so gestalten, dass ich mich wohlfühle?

_____

_____

_____

Möglicherweise können Sie Möbel umstellen, die vorherrschende Farbgebung verändern, Pflanzen, Bilder oder private Lieblingsgegenstände mit in Ihr Büro bringen, Lichtquellen optimieren. Vielleicht ist es Ihnen aber auch ein Bedürfnis, Türen zu schließen – oder zu öffnen.

Was kann ich an meiner Selbstorganisation verbessern, damit ich nicht in Druck komme?

_____

_____

_____

_____

Wichtig ist, Zeitfresser zu erkennen. Das sind wiederkehrende Tätigkeiten, die entweder nichts mit Ihrer tatsächlichen Aufgabe zu tun haben, die Sie delegieren oder in wesentlich kürzerer Zeit abhandeln können. Weiter sollten Sie Ihre Aufgaben zeitlich strukturieren und Prioritäten setzen.

Wann kann ich in meinem Arbeitstag kurze Erholungsphasen einbauen? Wie kann ich mir Freiräume schaffen?

_____

_____

_____

_____

Entspannung ist keine reine Freizeitbeschäftigung; je besser es Ihnen gelingt, während Ihrer Tätigkeit oder vor einer besonders herausfordernden Situation Abstand zu gewinnen, desto entspannter werden Sie mit der Belastung umgehen können und umso leichter werden Sie es schaffen, den Feierabend zu erreichen, ohne völlig ausgepumpt zu sein. Möglicherweise übernehmen Sie einzelne Elemente aus einer von Ihnen erlernten Entspannungstechnik wie z. B. Atem- oder Anspannungs/Entspannungsübungen, vielleicht reicht es Ihnen, die Tür zu schließen und das Telefon abzuschalten, das Fenster weit zu öffnen und an etwas Schönes zu denken.

Folgende Gedankenübung kann Ihnen außerdem dabei helfen, Abstand zum Arbeitsalltag zu bekommen:

Übung: Über den Dingen stehen

Schließen Sie – egal wo Sie sitzen oder stehen – für kurze Zeit die Augen und atmen Sie tief ein und aus. Betrachten Sie sich nun von außen, wie Sie da sitzen oder stehen. Gehen Sie dann in Gedanken weiter von sich weg: Sie sehen den Raum, in dem Sie sich befinden. Aus der Vogelperspektive sehen Sie das Gebäude und die Umgebung. Nun fliegen Sie auf den Mond und schauen dabei auf die Erde herab, auf der Sie als winziger Punkt kaum zu erahnen sind. Nehmen Sie mit Ihren Gefühlen die Dimensionen Ihres Daseins wahr. Ihr Dasein auf dieser Erde hat einen Anfang und ein Ende – die augenblickliche Situation relativiert sich.

4.2.4 Bewältigungspotentiale

Wie bereits dargestellt unterscheidet sich Stresserleben von Person zu Person. Allerdings ist das individuelle Stressempfinden auch abhängig von der jeweiligen Situation. Aus diesem Grund ist es wichtig, den Kontext des Erlebens im Auge zu behalten. Was uns in der einen Situation stresst, muss in einer anderen noch lange nicht als Belastung empfunden werden.

Gerade der weibliche Lebenszusammenhang bietet viele Beispiele für diese divergierenden Erlebnisweisen. Traditionell bewegen sich Frauen in unterschiedlichen Lebensbereichen und finden verschiedenste Bedingungen vor. Sie bewähren sich sowohl im privaten als auch im beruflichen Raum und werden täglich mit einer Vielzahl unterschiedlicher Anforderungen konfrontiert.

> Besonders jene Frauen, die mit einer Familie leben und einen Haushalt verantwortlich führen, haben ein außerordentlich hohes Belastungspotential erworben, ohne welches sich eine solche Organisation nicht bewältigen ließe. Sie verfügen über Kompetenzen, die männliche Führungskräfte erst in der beruflichen Praxis erwerben müssen.

Wenn Frauen sich selbst beobachten, so werden sie erkennen können, dass sie in der einen Situation ein bestimmtes Problem (Bsp: Zeitdruck in der Familie) leicht bewältigen können, welches sie in einem anderen Zusammenhang ungleich mehr Energie kostet (Bsp: Termindruck bei der Arbeit). Dieser unterschiedliche Umgang mit Belastung in den verschiedenen Lebensbereichen birgt eine Chance für die Bewältigung von Stress, denn es müssen keine neuen Strategien gelernt werden, sondern häufig können Kompetenzen und Handlungsformen von einer Situation auf die andere übertragen werden: bereits Bekanntes wird für andere Zusammenhänge genutzt.

> Wenn Sie mit einem Problem konfrontiert werden, das Sie scheinbar überfordert, oder wenn Sie immer wieder an einer bestimmten Aufgabe bzw. in einer bestimmten Situation scheitern, fragen Sie sich zunächst:
>
> Habe ich ein ähnliches Problem in einer anderen Situation schon einmal lösen können? Wie habe ich das gemacht?
>
> _____
>
> _____
>
> _____
>
> _____

Um den Transfer von Handlungskompetenz von einer Situation, die erfolgreich bewältigt wurde, auf eine andere Situation zu sichern, ist es notwendig zu erkennen, was Sie daran hindert, das erfolgversprechende Verhalten zu zeigen. Da die Schritte zur Lösung eines Problems von Ihnen in anderen Kontexten bereits erfolgreich angewendet wurden, muss es vorhanden sein. Fragen Sie sich also:

Was hindert mich daran, so zu handeln, dass ich das Problem lösen kann?

_____

_____

_____

_____

Möglicherweise werden Sie durch festgeschriebene Regeln oder Verbote in Ihrer Handlungsfreiheit eingeschränkt. Vielleicht sind es bestimmte Personen, die Ihnen konkrete Botschaften übermitteln, die Sie bei Ihrem Problemlösungsversuch behindern. Es könnte aber auch sein, dass Sie selbst sich bremsen und aufgrund unrealistischer Vorannahmen nicht adäquat handeln (Bsp: «Was sollen die anderen denken …!»; «Ich kann doch hier nicht …!»; «Und wenn es schief geht …?» etc).

Machen Sie sich die verschiedenen Faktoren bewusst, um die Tatsachen, die Sie nicht ändern können, von den Faktoren zu trennen, die in Ihnen selbst begründet sind und die zu verändern in Ihrer Macht liegt. Auf diese Weise können Sie Ihre Ressourcen zur Problemlösung in vollem Umfang nutzen und tragen damit zur Vermeidung und zur Bewältigung von persönlichem Stress bei.

4.2.5 Mit der eigenen Energie verantwortlich umgehen

Das herkömmliche Modell der Stressbewältigung beruht auf der theoretischen Annahme, dass die schädlichen Wirkungen von Stress dadurch entstehen, dass im heutigen Arbeitsleben zwar Spannung aufgebaut wird, diese aber weder durch körperlichen Kampf noch durch Flucht abgebaut werden kann.

Dieses Denken hat zur Folge, dass in einschlägigen Stressratgebern dringend darauf verwiesen wird, durch körperliche Aktivität zu einem Spannungsabbau beizutragen – der Kampf bzw. die Flucht soll quasi nach Feierabend nachgeholt werden. Diese Sichtweise führt dazu, dass Heerscharen von Jungmanagern abends joggend durch den Park hetzen in der Annahme, auf diese Weise ihren Stress abzubauen.

Doch nehmen wir das Bild eines Gummibandes, welches unter Spannung («stress») steht. Wenn dieses angespannte Gummiband weiter unter Spannung gesetzt wird – und was anderes ist Sport in der oben genannten Form – so wird dies keineswegs zur Entspannung führen, sondern das Zerreißen des Bandes zur Folge haben.

So wie viele Männer ihren «Ausgleichssport» betreiben, nämlich mit genau jenem Leistungsdenken, das sie auch im Beruf beherrscht, arbeiten sie ihrem Zusammenbruch entgegen. Körperliche Aktivität unter der Maxime «höher, schneller, weiter» hat keinerlei Entspannungswert, sondern ist Stress mit anderen Mitteln.

Entspannung erfordert ein Kontrastprogramm. Berufliche Hektik verlangt als Ausgleich Muße, Ruhe und Harmonie. Wo Energie fehlt, muss Energie aufgetankt werden statt weitere Energie zu verbrauchen.

So individuell das Erleben von Stress ist, so vielfältig sind auch die Energiequellen verschiedener Personen. Die Möglichkeiten, seinen persönlichen Energiehaushalt auf unnötige Verluste hin zu überprüfen, haben wir bereits kennengelernt. Der zweite Schritt muss nun sein, die ganz persönlichen Quellen des Wohlbefindens, des Erlebens von Harmonie und Sinnhaftigkeit kennenzulernen.

Um sich Ihren persönlichen Quellen von Zufriedenheit und Wohlbefinden zu nähern, setzen Sie sich mit folgenden Fragen auseinander:

Was ist mein erster Impuls, nachdem ich eine anspruchsvolle Arbeit erledigt habe?

Ich habe einen ganzen Nachmittag für mich, wie möchte ich diesen spontan gestalten?

Ihr spontaner Impuls nach der erfolgreichen Bewältigung einer Aufgabe kann Ihnen Aufschluss über tieferliegende Bedürfnisse vermitteln. Dieses Wissen ist die Voraussetzung dafür, dass Sie eine wirkliche Entspannung herbeiführen können.

Möglicherweise handelt es sich dabei um scheinbar banale Dinge; vielleicht wollen Sie nur schlafen oder einfach nur stillsitzen und zum Fenster hinausschauen; vielleicht möchten Sie auch in die Badewanne oder ein Stück Kuchen genießen und dabei in einer Zeitschrift blättern. Die Vorlieben sind mannigfaltig und unterliegen keiner Wertehierarchie. Was Ihnen gut tut, ist auch das Richtige für Sie! Seien Sie selbstbewusst und lassen Sie sich nichts einreden! Nur Sie selbst können wissen, was Sie im Moment brauchen. Alltägliche Verrichtungen wie Gartenarbeit, Kochen, der Umgang mit Kindern können für einzelne genauso hohen Erholungswert besitzen wie die Ausübung eines Hobbys wie Musizieren oder Malen. Zwar sollten Sie offen sein und auch neue Anregungen aufgreifen, doch die Entscheidung, was für Sie persönlich der goldene Weg zu Entspannung ist, liegt bei Ihnen.

Fast alle Frauen kennen diese besonderen Dinge, die man sich gönnt, wenn einem alles zuviel wird: ein kurzer Wochenendtrip, ein Telefonmarathon, ein Besuch bei der Kosmetikerin, der Kauf neuer Schuhe, eine entspannende Massage, ein Saunabesuch oder ein vertrauter Plausch mit einer Freundin im Cafe. Lassen Sie in Ihrem Leben Raum für solche spontanen Unternehmungen; sie sind die Highlights im täglichen Einerlei und geben Ihnen Kraft für die nachfolgende Zeit.

Was die Suche nach Erholung angeht, spricht vieles für körperliche Betätigung – schon als Ausgleich gegen das häufige Sitzen und Verharren in einer Position ist es empfehlenswert. Sport sollte aber erstens keine ungeliebte Pflicht darstellen («Ich muss heute noch meine 1000 m schwimmen»), zweitens keinen Wettbewerbscharakter haben («Den X werde ich heute vom Tennisplatz fegen!»), noch sollte man auf Rekordjagd gehen («Heute muss ich die 10 000 m unbedingt schneller laufen als gestern!»).

Leider wird Sport heute häufig verstanden als Mittel zum Zweck. Dieser Zweck heißt Fitness und hat einen hohen Stellenwert in der modernen Gesellschaft. Alle Bemühungen aber, die zum Ziel haben, lediglich Muskeln aufzubauen, die Figur zu modellieren, Gewicht zu halten oder den Puls auf eine bestimmte Marke hochzutreiben etc., beziehen sich lediglich auf eine äußere Fitness.

> Innere Fitness, wie wir sie für erstrebenswert halten, zielt auf den ganzen Menschen: auf den Erhalt der körperlichen, emotionalen und geistigen Reserven, ohne welche persönliche Zufriedenheit und berufliche Leistungsfähigkeit nicht denkbar sind.

Sportarten bzw. Bewegungsformen, die positiv auf die innere Fitness wirken und Reserven für berufliche Herausforderungen bereitstellen, sind sehr vielfältig und gehen weit über jene Bewegungsangebote hinaus, die üblicherweise zur Stressverminderung genutzt werden. Es ist sinnvoll, dass Sie sich zunächst Zeit und Muße dafür nehmen, herauszufinden, welche Bedürfnisse Ihr Körper anmeldet und welche Form von körperlicher Betätigung dafür in Frage kommen könnte. Auf jeden Fall muss jede Form von Bewegung oder Sport individuell Sinn vermitteln, der über ein bloßes Abreagieren hinausreicht.

Damit sie dazu beiträgt, dass wir uns wohlfühlen und im Vollbesitz unserer Kräfte sind, werden an eine Sportart bzw. Bewegungsform verschiedene Erwartungen geknüpft.

Setzen Sie sich mit folgenden Aussagen auseinander, um sich über Ihre Bewegungsbedürfnisse klar zu werden:

1. «Bewegung soll Spaß machen und spielerischen Charakter haben!»
2. «Ich möchte über die Sportart Geselligkeit erleben und ungezwungen Kontakte knüpfen können.»
3. «Mir ist eine Bewegungsform wichtig, die mir Ruhe vermittelt.»
4. «Körperliche Aktivität soll mich als ganzer Mensch ansprechen und Körper, Geist und Seele harmonisieren.»
5. «Ich würde mich gerne zu Musik bewegen und mag runde rhythmische Bewegungen.»
6. «Ich brauche eine Herausforderung, auf die ich mich konzentrieren kann. Die Bewegungsabläufe dürfen knifflig sein und ungewohnte Fertigkeiten verlangen.»

Mögliche Bewegungsformen
Tennis, Volleyball etc (Geselligkeit); Jonglieren, Balancieren, Voltigieren, Bogenschießen etc (Geschicklichkeit und Konzentration); Tai Chi, Aikido, Yoga etc (Ganzheitlichkeit); Tanz, Ballett, rhythmische Gymnastik (Rhythmik); außerdem: Spazieren gehen, Schwimmen, Gartenarbeit und vieles mehr.

Eine spezielle Form, auf den eigenen Körper einzuwirken und mit Spannungen umzugehen, bieten jene Verfahren, die auf eine körperlich-geistigseelische Entspannung abzielen. Solche Entspannungsmethoden nutzen den Körper gleichsam als Medium, um einen ganzheitlichen Ausgleich zu schaffen. Darüber hinaus bieten sie einzelne Elemente, die sich als Entspannungstechniken in den beruflichen Alltag einbauen lassen, um ungesunden Stress zu vermeiden, Kräfte zu konzentrieren und Leistungsreserven in Belastungssituationen zu nutzen.

Es ist an dieser Stelle nicht der Platz, um Sie vertieft in die verschiedenen Methoden der Entspannung einzuführen, deshalb sei hier lediglich auf ein Verfahren hingewiesen, welches sich im praktischen Feld seit langer Zeit bewährt hat, leicht zu erlernen ist und variabel eingesetzt werden kann. Es handelt sich um die Methode der «Progressiven Relaxation».

Progressive Relaxation

Das Grundverfahren dieser bereits im Jahr 1929 von dem Physiologen E. Jacobson entwickelten Methode besteht darin, dass die Person sukzessive einzelne Muskelgruppen des Bewegungsapparates für ein bis zwei Minuten maximal kontrahiert, sich auf diese willentliche Anspannung konzentriert, um die jeweilige Muskelgruppe in der Folge maximal zu entspannen. Ziel ist eine Reduktion muskulärer Spannung im Körper, welche wiederum eine Senkung der Aktivität im gesamten zentralen Nervensystem bewirkt und so den Organismus als Ganzes in einen Zustand der Ruhe versetzt. Die Person soll bewusst wahrnehmen lernen, welche Muskeln im Augenblick verspannt sind, um daraus zu schließen, wo sie Spannung lösen muss.

Weitere erprobte Methoden der Entspannung sind etwa: Autogenes Training, Eurythmie, Meditation, Feldenkrais-Methode, Atemschulung und Eutonie.

Hören Sie sich um, probieren Sie aus und finden sie so Ihre ganz eigene Kombination aus Entspannung und Herausforderung. Sie selbst kennen sich am besten und Sie selbst haben das größte Interesse daran, gesund und leistungsfähig zu bleiben, um Ihr Leben weiterhin so gestalten zu können, wie es Ihren Bedürfnissen entspricht.

Nachwort

Wir sind von dem ausgegangen, was Sie bereits können. Die Grundüberlegung lautet: Welche Voraussetzungen müssen erfüllt sein, damit Sie Ihre Möglichkeiten ausschöpfen und Ihre Fähigkeiten im betrieblichen Rahmen anwenden können?

Gezielte Förderung von Frauen im Beruf muss erkennen, dass Karrierehindernisse nicht auf der formalen Bildungs- und Qualifikationsebene festzumachen sind – Frauen sind ausgezeichnet ausgebildet und stehen in fachlicher Hinsicht ihren männlichen Kollegen in nichts nach. Karriereförderung muss sich vielmehr auf die Bereiche Kommunikation, Durchsetzungsfähigkeit und Persönlichkeitsbildung beziehen, da viele Frauen aufgrund der noch immer dominierenden männlichen Führungskultur ihre vielfältigen Kompetenzen auf diesem Gebiet im Berufsalltag nicht zum Tragen bringen können. Einige weiblichen Führungskräfte ahnen nichts von ihren Erfolgsqualitäten, weil sie in ihrer weiblichen Sozialisation nicht für wichtig erachtet wurden und andere versuchen, ihre Führungsqualitäten zu verbergen, weil sie sich mit der weiblichen Rolle nicht vertragen.

Heute steht fest: Frauen können führen. Wertungen und Vergleiche mit Männern sind gar nicht nötig. Besser? Schlechter? Anders? Frauen müssen nicht besser führen als Männer – es genügt, wenn sie gut führen. Sie müssen nicht anders führen als Männer, sondern ihren eigenen Weg finden. Und sie müssen ganz bestimmt nicht den traditionellen Führungsstil der Männer übernehmen und ihn perfektionieren wollen.

Mit ihren Fähigkeiten sind sie in der Lage, allen Anforderungen des Berufes gerecht zu werden. Sie können auf ihre Weise führen, ohne sich dabei zu verbiegen oder die eigenen Werte und persönlichen Lebensziele aus dem Blick zu verlieren. Für ihre männlichen Kollegen stellen weibliche Verhaltensweisen eine bereichernde Ergänzung zu ihrem gewohnten Arbeitsstil dar und können als Anregung dienen, eigene Handlungsmuster zu überdenken und gegebenenfalls das eigene Verhaltensrepertoire zu erweitern. «Vielfalt statt Einfalt» könnte für ein konstruktives Miteinander der Geschlechter auch in den Führungsetagen der Wirtschaft stehen.

Auswahlbibliographie

Autenrieth, Christine; Chemnitzer, Karin; Domsch, Michel 1993: Personalauswahl und -entwicklung von weiblichen Führungskräften. Frankfurt a. M.

Berckhan, Barbara 1997: Die etwas gelassenere Art, sich durchzusetzen. Ein Selbstbehauptungstraining für Frauen. München.

Berne, Eric 1991: Spiele der Erwachsenen. Psychologie der menschlichen Beziehungen. Reinbek.

Bilden, Helga 1991: Geschlechtsspezifische Sozialisation. In: K. Hurrelmann, D. Ulich (Hg.): Neues Handbuch der Sozialisationsforschung. Weinheim und Basel.

Csikszentmihalyi, Mihaly 1999: Lebe gut! Wie Sie das Beste aus Ihrem Leben machen. Stuttgart.

Czwalina, Johannes; Walker, Andreas W. 1997: Karriere ohne Sinn? Der Manager zwischen Beruf, Macht und Familie. Gräfelfing.

Demmer, Christine (Hg.) 1988: Frauen ins Management. Von der Reservearmee zur Begabungsreserve. Frankfurt a. M. / Wiesbaden

Derichs-Kunstmann, Karin; Müthing, Brigitte (Hg.) 1993: Frauen lernen anders. Theorie und Praxis der Weiterbildung für Frauen. Bielefeld.

Dobner, Elke 1997: Wie Frauen führen. Innovation durch weibliche Führung. Heidelberg.

Domsch, Michel; Regnet, Erika (Hg.) 1990: Weibliche Fach- und Führungskräfte. Wege zur Chancengleichheit. Stuttgart.

Dulabaum, Nina L. 1998: Mediation: Das ABC. Die Kunst, in Konflikten erfolgreich zu vermitteln. Weinheim und Basel.

Glasl, Friedrich 1997: Konfliktmanagement. Ein Handbuch für Führungskräfte, Beraterinnen und Berater. Stuttgart.

Gneisz, Bettina; Kreisky, Eva 1994: Frauen im Management: Die Diskussion um den weiblichen Führungsstil. In: Hofmann, Michael; Al-Ani, Ayad (Hg.): Neue Entwicklungen im Management. Heidelberg, S. 255–273.

Harris, Thomas A. 1991: Ich bin o. k. – Du bist o. k.. Reinbek.

Helgesen, Sally 1991: Frauen führen anders. Vorteile eines neuen Führungsstils. Frankfurt a. M.

Henley, Nancy M. 1993: Körperstrategien. Geschlecht, Macht und nonverbale Kommunikation. Frankfurt a. M.

Hennig, Margaret; Jardim, Anne 1987: Frau und Karriere. Erwartungen, Vorstellungen, Verhaltensweisen. Reinbek.

Hovestädt, Wolfgang 1997: Sich selbst organisieren. Weinheim und Basel.

Lauterbach, Stefan 1994: Berufsverläufe von Frauen. Frankfurt a. M. / New York.

Macha, Hildegard u. a. 2000: Erfolgreiche Frauen. Wie sie wurden, was sie sind. Frankfurt a. M. / New York.

Naisbitt, John; Aburdene, Patricia 1990: Trends für das Jahr 2000. Das Jahrzehnt der Frauen. In: Psychologie heute, 17 (3), S. 36–42.

Redlich, Alexander 1997: Konfliktmoderation. Hamburg.

Regnet, Erika 1995: Der Weg in die Zukunft – Neue Anforderungen an die Führungskraft. In: Rosenstiel, Lutz v.; Regnet, Erika; Domsch, Michel (Hg.): Führung von Mitarbeitern. Handbuch für erfolgreiches Personalmanagement. Stuttgart, S.43–53.

Schaufler, Birgit 1997: Kinder als Belastung und Bereicherung: Über das Selbstverständnis von Müttern in der Wissenschaft. In: H. Macha u.a.: Berufliche und personale Sozialisation von Wissenschaftlerinnen (und Wissenschaftlern) in Ost- und Westdeutschland (1993–1997). Zwischenbericht, Augsburg.

Schulz von Thun, Friedemann 1991: Miteinander reden. Bd. 1: Störungen und Klärungen. Reinbek.

Siems, Martin 1995: Dein Körper weiß die Antwort. Focusing als Methode der Selbsterfahrung. Reinbek.

Tannen, Deborah 1997: Job-Talk. Wie Frauen und Männer am Arbeitsplatz miteinander reden. München.

Westerholt, Birgit 1998: Frauen können führen. Weinheim und Basel.

Wunderer, Rolf; Dick, Petra (Hg.) 1997: Frauen im Management. Kompetenzen, Führungsstile, Fördermodelle. Neuwied / Kriftel / Berlin.

Anzeigen